DE QUELQUES
IMITATIONS PATOISES

DES

FABLES DE LA FONTAINE

PAR É. RUBEN

CONSERVATEUR DE LA BIBLIOTHÈQUE COMMUNALE
DE LIMOGES

FABULISTES MÉRIDIONAUX :

Hourcastrémé. - Bergeret.
Limouzin-Lamothe. - Galtier. - Tandon.
Martin. - Couret. - Fabulistes nîmois.
H. Morel. - Roumanille. - Diouloufet.
Laidet. - Estachon. - Pascal. - D'Astros.
Garcin. - Ravel. - Foucaud. - Richard.

LIMOGES

IMPRIMERIE DE CHAPOULAUD FRÈRES

RUE MONTANT-MANIGNE, 7

—

1861

DE QUELQUES
IMITATIONS PATOISES

DES

FABLES DE LA FONTAINE

PAR É. RUBEN

CONSERVATEUR DE LA BIBLIOTHÈQUE COMMUNALE
DE LIMOGES

FABULISTES MÉRIDIONAUX :

Hourcastremé. - Bergeret.
Limouzin-Lamothe. - Galtier. - Tandon.
Martin. - Couret. - Fabulistes nîmois.
H. Morel. - Roumanille. - Diouloufet.
Laidet. - Estachon. - Pascal. - D'Astros.
Garcin. - Ravel. - Foucaud. - Richard.

LIMOGES

IMPRIMERIE DE CHAPOULAUD FRÈRES

RUE MONTANT-MANIGNE, 7

—

1861

A M. LE DOCTEUR BARDINET

Directeur de l'École de Médecine de Limoges,
Membre de la Société Archéologique et Historique
du Limousin

Mon cher Docteur, ceci, n'étant ni un livre de médecine ni même un livre, ne mérite à aucun titre votre patronage. Si donc je dédie ce petit travail à celui qui a encouragé mes premiers essais, c'est moins par reconnaissance que dans l'espoir que son nom me portera bonheur.

E. Ruben.

DE QUELQUES

TRADUCTIONS ET IMITATIONS PATOISES

DES FABLES DE LA FONTAINE.

> « Je voudrais que l'on entreprît un La Fontaine où seraient mises en regard les fables dont il existe des traductions en languedocien, en gascon, en provençal, en limousin, etc. »
>
> (G. Brunet, « Recueil d'opuscules et de fragments en vers patois ». — Paris, 1839, in-16, page 52, en note.)

I.

Le conte est né gaulois : j'en dirais presque autant de la fable poétique si je ne craignais de faire crier à l'anachronisme et au paradoxe. C'est peut-être un travers de mon esprit; mais je ne puis guère me figurer la fable que sous les traits que lui a donnés La Fontaine. Vivant avec elle depuis mon enfance, je me suis tellement habitué à sa physionomie et à ses allures que je ne puis voir en elle ni l'emphase orientale de Bidpaï, ni la sécheresse philosophique d'Ésope, ni la pâle élégance de Phèdre, ni la concision systématique de Lessing, ni l'esprit recherché de nos fabulistes modernes. Je retrouverais plus volontiers dans son air quelque chose du naturel et de la délicatesse de Marie de France, le poëte anglo-normand du XIIIe siècle, dont l'abbé de La Rue a pu dire « qu'on serait tenté de douter si La

Fontaine n'a pas plutôt imité cet auteur que les fabulistes d'Athènes et de Rome (1) ». J'y retrouverais surtout les qualités et les défauts qui distinguent les vieux conteurs français et italiens : l'insouciance un peu sceptique, la naïveté railleuse, la verve spirituelle, l'abandon, la familiarité, cette bonne humeur, en un mot, plus soucieuse de prendre ses ébats que de donner des leçons, et prétendant moins à moraliser les gens en les divertissant qu'à se divertir elle-même en les moralisant. Tel est à mes yeux La Fontaine dans ses fables comme dans ses contes, abstraction faite de ce haut esprit des convenances qui règne dans les unes, et qu'on voudrait voir régner dans les autres. Les fréquents emprunts qu'il fait aux anciens prennent sous sa plume je ne sais quoi d'original, de manière à constituer, en quelque sorte, une création nouvelle. Le fabuliste français ne descend plus d'Ésope ou de Phèdre, et je vois en lui bien plus le poète que le philosophe, bien plus le conteur que le moraliste.

Je n'ai pas la prétention de vouloir refaire, après le travail si complet de Robert (2), l'histoire naturelle de ce qu'était la *fable-chrysalide* avant que La Fontaine vînt lui donner une nouvelle vie. Je me bornerai à dire que le moyen âge en France eut ses fabulistes, comme l'antiquité avait eu les siens. Il suffit de citer : les recueils connus sous le nom de *bestiaires*; les différents romans du *Renard*; les fables de Marie de France; le recueil du xiiie siècle décrit sous le n° 261 du catalogue des manuscrits de la bibliothèque de Chartres, et mis au jour par M. Duplessis (3); les fables latines de Pierre Alphonse traduites en latin, toujours du xiiie siècle, sous le titre de : *Le Castoiement d'un père à son fils* (4); certains apologues qui se trouvent incidemment dans les œuvres de Rutebeuf, d'Hebers, de Jean de Condé, de Jean de

---

(1) DE ROQUEFORT, *Poésies de Marie de France* : Paris, Marescq, 1832, 2 vol. in-8. — Cette idée est réfutée par Amaury Duval, *Hist. litt. de la France*, T. XIX, p. 807. — V. aussi *ibidem*, T. XVI, p. 223. — C'est aussi ce que prétend M. Henri Taine, *Essai sur les fables de La Fontaine*, 1854, in-8.

(2) *Fables inédites des xiie, xiiie et xive siècles, et fables de La Fontaine rapprochées de celles de tous les auteurs qui avaient avant lui traité les mêmes sujets*, par A.-C.-M. ROBERT, conservateur de la bibliothèque de Sainte-Geneviève. — Paris, Étienne Cabin, 1825, 2 vol. in-8.

(3) Chartres, 1831, in-8.

(4) DE BARBAZAN, *Fabliaux et contes*, édition Méon, T. II : Paris, B. Warrée, 1808, in-8.

Boves, de Jean le Laboureur, etc.; et enfin les trois recueils du xiv⁰ siècle indiqués par Robert sous le titre d'Ysopet I, Ysopet II et Ysopet-Avionnet.

Ce n'est pas non plus le lieu d'examiner quelle connaissance La Fontaine a pu avoir de ces divers recueils, et quelles idées de détail il peut y avoir puisées. Le seul but de cette aride nomenclature est de vous faire remarquer que tous les auteurs cités plus haut, tous sans exception, appartiennent à la langue d'oïl.

Combien j'aurais été heureux de trouver quelques fabulistes parmi nos troubadours! De quel attrait n'eût pas été pour moi l'étude comparative des productions de l'ancien langage méridional et de celles de nos idiomes dévoyés, mais toujours pleins de verdeur! Malheureusement mes recherches ont été vaines : non-seulement les poétiques du temps ne font pas mention de la fable (1), ce qui du reste ne serait pas une raison bien concluante : témoin Boileau; mais rien d'approchant de l'apologue ne se rencontre ni dans Renouard ni dans le recueil auquel M. Gatien-Arnoult a donné son nom, ni dans le *Parnasse occitanien*, et j'ajouterai qu'aucune fable languedocienne ne se trouve dans le travail si complet de Robert, qui, s'il faut en croire le titre de son livre, « a rapproché des fables de La Fontaine celles de *tous* les auteurs qui avaient avant lui traité les mêmes sujets. » Il m'est permis dès lors de supposer que, au moyen âge, l'apologue, en tant que poème distinct et complet, ou ne fut pas connu dans le midi de la France, ou n'y fut pas adopté.

Ce n'est qu'en tremblant que je hasarde cette idée, que je ne trouve exprimée nulle part : je connais le danger des hypothèses en pareille matière. Tout ne se sait pas. Si une chose a laissé des traces ignorées, si même elle n'a pas laissé de traces, pouvons-nous affirmer que cette chose n'a pas existé? Cependant j'imagine que, à une époque de guerres continuelles, où les relations de peuple à peuple étaient restreintes, où l'imprimerie était encore à trouver, il a très-bien pu se faire que *le livre d'Ésope* ait été inconnu dans le midi de la France. Et puis il me semble que le sans-gêne trop souvent cynique du conte, la morale un peu positive de la fable, ne pouvaient convenir au lyrisme des troubadours, à leurs idées platoniques,

---

(1) V. notamment le traité intitulé : *Las Flors del gay saber, estier dichas Las Leys d'amors.*

à leurs mœurs chevaleresques. Leurs œuvres manquent complètement de comique. On dirait qu'ils ont considéré comme indigne de leur caractère les déguisements de la pensée et les raffinements de l'esprit. A eux la satyre véhémente, injurieuse; aux hommes du nord l'épigramme et la fable. D'un côté le roman, de l'autre le conte narquois et égrillard (1). Voyez en effet nos conteurs, depuis les trouvères du moyen âge jusqu'à La Fontaine, en passant par Louis XI, Rabelais, Bonaventure Desperriers, Marguerite de Valois, Jacques Yver, Noël du Fail, Guillaume Bouchet, Béroalde de Verville : ils appartiennent tous à cette partie de la France appelée autrefois *langue d'oil*. Or, à l'exception peut-être de Marguerite de Valois, qui était femme et angoumoisine, c'est-à-dire presque languedocienne, il y a entre les productions de ces conteurs et les romans des troubadours provençaux toute la différence qui sépare le badinage de la rêverie, le libertinage de l'amour.

La Fontaine a donc créé la fable telle que je la comprends. Après lui, nous voyons à l'œuvre ce *troupeau servile des imitateurs* dont parle Horace, ces *aveugles adorateurs* dont parle Lessing. La nouvelle littérature s'efforce d'adopter le genre naïf de l'immortel fabuliste, et, glanant après lui, ramasse, pour se les approprier, les sujets et les maximes dédaignés ou abandonnés par le génie paresseux du bonhomme. La fièvre d'imitation gagne les campagnes, et alors se produit un fait étrange en apparence : tandis que la fable est en quelque sorte abandonnée par la langue d'oil, qui l'avait importée en France, elle est adoptée par la langue d'oc dans la nouvelle forme que lui a donnée notre inimitable causeur. Il existe des traductions patoises dans les dialectes du nord (2); mais je doute qu'elles

---

(1) V. RAYNOUARD, *Choix de poésies des troubadours.* — V. surtout T. II, p. 158 : « Les pièces des troubadours étaient presque toutes du genre lyrique ». — V. aussi ROBERT, recueil précité, p. clxxiij : « Chez les poètes du nord, les contes, les fables, les légendes et ces espèces de poèmes que nous nommons *romans* tenaient le premier rang. Le nom de *fableors* qu'ils avaient pris n'a pu cependant leur survivre, tandis que leurs rivaux, plus heureux sous le nom de *troubadours*, n'ont jamais été entièrement oubliés. Les romances et les allégories sont pourtant presque les seuls genres dans lesquels ils se soient exercés. » Il faut entendre ici par *allégories* des comparaisons dépouillées de moralité, et accessoirement mêlées à d'autres poèmes.

(2) V. notamment : *Passe-temps lorrains*, par Jaclot de Saulny : Metz

soient nombreuses, par la raison qu'on ne s'imite pas soi-même, et que, sauf certaines nuances, ces dialectes ne sont que le vieux langage français. Il n'en est pas de même dans le midi : il y a encore, malgré les routes et les chemins de fer, un langage pittoresque, sonore, original, des croyances naïves, des usages singuliers. Jugez de ce que ce devait être vers la fin du dernier siècle et au commencement de celui-ci, période à laquelle remontent les principaux essais de traduction. Ici l'imitation avait sa raison d'être, et les poètes n'ont pas fait défaut.

La liste de ces imitateurs ne sera pas moins longue que celle que j'ai cru devoir dresser pour les fabulistes français du moyen âge. Mais, si la première pouvait avoir quelque utilité, la seconde est indispensable. Je suis donc parvenu à recueillir :

Pour le Béarn et la Gascogne, un ouvrage anonyme publié à Bayonne en 1776; les fables de Bergeret, de Bordeaux, imprimées à Paris en 1816, et celles de Limouzin-Lamothe, de Verdun;

Pour le Languedoc, les fables et contes d'Auguste Tandon et de F.-B. Martin, de Montpellier; de Couret, d'Alais; d'Auguste Galtier, de Castelnaudary; de Roumieux, Bigot, Manlius Salles, etc., de Nîmes.

La Provence et le Comtat-Venaissin m'ont fourni : Hyacinthe Morel et Dupuy, d'Avignon; Roumanille, de St-Remi; Estachon, Pascal et Laidet, de Marseille; Diouloufet, d'Astros et Ricard, d'Aix; un anonyme de Tarascon signant A. G., et Garcin, de Draguignan.

L'Auvergne est pauvre : je ne connais guère en patois de cette province que les fables qui se trouvent à la suite de *La Paysade* de Ravel.

Nous avons enfin, pour le Limousin, Foucaud, qui certes était bien digne d'être mentionné par le bibliographe Quérard, et l'abbé Richard, chansonnier de mérite, qui n'a eu qu'un tort, celui de vouloir imiter La Fontaine, et qu'un malheur, celui d'être contemporain de Foucaud.

Je ne cite que pour mémoire une traduction basque (Bayonne, 1852) indiquée par Pierquin de Gembloux : *Histoire littéraire des patois.*

1851; — *Fables et c... a patois saintongeais*, par Burgaud des Marets. — Je regrette, au suj... de ce dernier recueil, de ne pouvoir franchir la limite que je me suis tracée.

Le nombre de ces traductions ou imitations est déjà très-honnête, sans compter celles qui ont échappé à mes investigations. Où trouver les causes d'une profusion contrastant si vivement avec le long silence du moyen âge? Cherchons-les tout d'abord dans le caractère essentiellement causeur de la fable, dans ses allures familières, et surtout dans sa nature idyllique. Le paysan, à part ses intérêts matériels, est un peu enfant : il aime les contes, et ce qui lui plaît dans la fable ce n'est pas précisément le côté moral. Avec elle d'ailleurs il n'a pas besoin de se transporter par l'imagination dans des régions inconnues : il voit tous les jours les héros du drame, et le conteur est sûr d'être accueilli par lui comme un compatriote. D'un autre côté, la fable est courte, d'une versification facile, rendue plus facile encore par l'orthographe capricieuse des poètes patois. Un thème étant donné, il ne faut pas grand'chose à un écrivain patois pour être un fabuliste médiocre : de l'observation, un peu de malice, et surtout l'esprit ou plutôt l'habitude des rapprochements. Mais les vérités morales ou politiques ne sont pas en très-grand nombre, les sujets nouveaux d'apologues sont assez difficiles à trouver; et, comme l'idée première se prête facilement à tous les caprices de l'imagination, il en résulte que la même idée peut être traitée par une foule d'auteurs, et revêtir à chaque fois une forme originale. C'est ainsi que je me rends compte de ce grand nombre d'imitations qui, dans un avenir peu éloigné, pourront être conservées comme monuments d'un langage détruit, mais n'iront pas prendre place à côté du modèle.

Il est vrai que nous pourrons excuser les fabulistes patois en rejetant la faute sur l'instrument dont ils se sont servis. Et, il faut bien que j'en convienne, quelles que soient mes sympathies pour mon pays, ce n'est pas tout à fait sans raison que l'on a reproché au patois de n'être pas une langue. On allègue ses innombrables dialectes et ses variations continuelles. « Les patois, me dit-on chaque jour, n'ont ni grammaire, ni orthographe, ni prosodie; car vous ne pouvez donner le nom de *grammaires* ou de *dictionnaires* aux différentes compilations qui ne font que constater l'état existant d'un idiome, sans en fixer les règles : ce sont des ouvrages de linguistique plutôt que des codes grammaticaux ». Je reconnais combien ce reproche est fondé; mais, indépendamment de l'utilité philologique que peut présenter l'anatomie du langage patois, est-il donc absolument sans intérêt, au point de vue philosophique et au point de vue littéraire, d'analyser certaines productions de l'esprit humain, de constater les différentes filiations d'une idée-mère, et de recueillir les derniers vestiges de l'originalité gauloise? C'est la tâche que je me suis donnée. Je veux comparer entre eux nos divers fabulistes imitateurs; et, si je ne leur fais pas un titre de gloire d'avoir écrit en patois, je ne pousserai pas l'injustice jusqu'à leur contester les qualités qui font le poète et le conteur.

II.

En étudiant les œuvres des fabulistes méridionaux, on est frappé de leur air de famille. Ils procèdent tous vis-à-vis de La Fontaine et des fabulistes modernes dont ils adoptent le thème comme La Fontaine a procédé vis-à-vis de Phèdre et des anciens fabulistes. C'est tantôt une paraphrase, tantôt une parodie, quelquefois la traduction du langage, plus souvent la traduction de l'idée. Il semble que cette idée ils l'aient prise à l'état hiéroglyphique, et commentée chacun à sa manière. C'est ainsi que La Fontaine habille ses personnages à la française, et leur met dans la bouche ce langage naturel qui nous charme.

Un de nos collègues, au nom duquel il serait superflu d'accoler une épithète banale, M. Othon Peconnet vous disait, il y a quelques années, dans sa biographie de Foucaud (1), que « chez La Fontaine, le lieu où se passe l'action n'est nullement précisé. Ce sont, dit-il, des arbres, des animaux, des hommes, qui prennent vie, pensent, se meuvent; mais ces arbres, ces animaux, ces hommes, sont-ils reconnaissables à quelque particularité? Jamais ». La remarque, pour être ingénieuse, manque cependant de justesse. La Fontaine pouvait-il laisser à ses héros leur cachet d'antiquité, lorsque, vers la même époque, Racine ne pouvait y réussir dans la tragédie? « Le livre de La Fontaine est une galerie de portraits, dit M. Henri Taine (2); mais, quel que soit le personnage, animal, homme ou dieu, il est toujours homme et contemporain de La Fontaine. » Il a métamorphosé, suivant la pente naturelle de son génie, les personnages d'Ésope et de Phèdre en rois, courtisans, bourgeois

---

(1) V. *Bulletin de la Société Archéologique du Limousin*, T. V, année 1851.
(2) *Essai sur les fables de La Fontaine*, 1re édition.

et paysans de son époque et de son pays. Au lieu de faire une tragédie, il a fait un drame.

Les fabulistes méridionaux ne travaillent pas différemment. Ils transportent sur la scène où ils se trouvent les personnages déjà francisés par le bonhomme. Le cercle d'action se rétrécit. La Fontaine a pris la France pour théâtre : Foucaud prend le Limousin; Bergeret et les anonymes du recueil bayonnais, la Gascogne et le Béarn; Aug. Tandon, Martin, Roumieux, le Languedoc; Diouloufet, d'Astros, Hyac. Morel, etc., la Provence. Les exemples ressortiront d'eux-mêmes dans les citations que je ferai des différentes imitations patoises; mais, pour ne parler que de La Fontaine, je pourrais choisir dans ses fables bon nombre d'expressions locales et caractéristiques; je citerais les gens qui prennent *Vaugirard* pour *Rome*, de la fable *le Singe et le Dauphin;* le Renard *normand*, d'autres disent *gascon;* l'Enfant qui se laisse choir

En badinant sur les bords de la *Seine* (1) ;

les ornières de *Quimper-Corentin* dans la *Basse-Bretagne* (2); les tours de *Tabarin*, et tant d'autres expressions dont l'énumération deviendrait puérile.

C'est que la poésie vit beaucoup de souvenirs et d'allusions, et qu'il faut qu'un mot jeté au lecteur puisse éveiller dans son esprit toute une série d'idées dont le développement serait fastidieux. C'est qu'ensuite il est impossible à l'écrivain de s'abstraire du milieu dans lequel il vit, et que la fable, grâce à la flexibilité de son rhythme, se plie merveilleusement à toutes les exigences du langage usuel. Mais, tout en ne m'étonnant pas de ce fait dont s'émerveillait notre collègue, je suis loin d'être enthousiasmé de cette couleur locale dont, il me semble, les fabulistes méridionaux ont étrangement abusé. Un des plus réservés est encore le limousin Foucaud. L'un crée des mots sous prétexte d'harmonie imitative; l'autre affecte une mignardise souvent hors de saison en prodiguant les diminutifs et les super-diminutifs; un troisième emploie des expressions grossières, même en patois, en ce sens qu'elles ne rappellent que des idées triviales ou ordurières; enfin quelques fabulistes contemporains nous servent de la poésie à l'œil, et lardent leurs récits de

(1) Liv. I, fab. 19.
(2) Liv. VI, fab 18.

gros jurons languedociens. Et qu'on ne vienne pas me dire que toutes ces exagérations sont à la mode du pays, et que les fabulistes ont dû se mettre à la portée de leurs lecteurs ! D'abord je ne reconnais pas de mode en littérature, et je n'admets pas que l'écrivain ait le droit de s'abaisser pour plaire. Et puis croyez-vous de bonne foi que tous ces prétendus bienfaiteurs de l'humanité aient écrit précisément pour une classe capable à la vérité d'entendre leur langage, mais au fond très-peu en état de saisir les finesses de leur style et la valeur de leurs écrits ? Défions-nous de ces maîtres d'école, trop nombreux de nos jours; figurons-nous La Fontaine parlant avec sa bonhomie habituelle de la portée morale de ses contes, et disons-nous qu'en définitive le diable, c'est-à-dire l'orgueil, n'y perd rien. Foucaud affiche la prétention de faire une littérature pour les paysans limousins ; ce qui ne l'empêche pas de présenter ses fables à la Société d'Agriculture, des Sciences et des Arts de la Haute-Vienne, et je suis loin de l'en blâmer, car son livre pouvait se présenter partout; Auguste Tandon se laisse décorer du titre pompeux de *troubadour de Montpellier;* et Bergeret de Bordeaux dédie sa traduction à monseigneur le duc d'Angoulême.

Une autre particularité de la plupart des imitations patoises est la prolixité, le caquetage. Il ne faut pas s'en étonner : ce défaut est inhérent au caractère méridional. La Fontaine, à qui l'allemand Lessing a reproché à tort d'avoir gâté la fable au lieu de l'embellir, et d'avoir *assaisonné des épices,* La Fontaine paraît taciturne en comparaison de nos fabulistes. Ce ne sont plus des traductions : ce sont des paraphrases; et ne vous plaignez pas lorsque l'imitation n'a que deux ou trois fois la longueur de l'original : il se trouve souvent de jolies choses dans ce verbiage ; il y a de la vivacité et du trait; mais le récit s'enchevêtre dans des guirlandes de fleurs. La Fontaine a-t-il négligé certains développements, se contentant de les indiquer par un mot, un hémistiche, un vers : quelle bonne fortune pour ses commentateurs ! quelle bonne fortune surtout lorsqu'il leur laisse le soin de tirer du récit la moralité qui en découle ! C'est alors qu'ils sont véritablement dans leur rôle de vulgarisateurs campagnards. Quelle verve méridionale ! quelle originalité ! comme ils se relèvent lorsqu'ils sont seuls dans l'arène ! Ils deviennent philosophes, conteurs et même poètes : ils sont fabulistes.

Je crois vous avoir donné une idée de quelques-uns des caractères généraux qui distinguent nos fabulistes patois : il est grandement temps de prendre à partie chacun d'eux, et de vous soumettre les réflexions qu'une lecture attentive a fait naître dans mon esprit.

III.

FABULISTES BÉARNAIS ET GASCONS.

Recueil anonyme de 1776. — Le premier en date des trois recueils que j'ai pu me procurer sur le Béarn et la Gascogne est un livre in-8, publié à Bayonne, en 1776, sous le titre de *Fables causides de La Fontaine en bers gascouns.* Ce volume, sans nom d'auteur, contient les traductions ou imitations de cent six fables de La Fontaine, dont les deux premières sont positivement d'Hourcastremé (1).

---

(1) Lorsqu'un ouvrage est anonyme, le premier devoir de la critique est de chercher à découvrir le nom de l'auteur. Mes recherches n'ont pas été complètement infructueuses, et voici quel en a été le résultat :
La bibliothèque de Bordeaux possède un exemplaire de ce recueil, enregistré au catalogue des belles-lettres d'abord sous le n° d'ordre 3594, puis sous le n° 4398. D'après les notes manuscrites faites aux deux différents endroits par les anciens bibliothécaires, l'auteur de l'ouvrage serait ici l'abbé Despourrins, peut-être un des frères du chevalier Despourrins dont les poésies viennent d'être rééditées à Pau par M. Vignancourt, et là un abbé Daretche qui m'est complètement inconnu (1). Où est la vérité ? On lit à la page 250 de la *Nouvelle chronique de la ville de Bayonne* (Bayonne, 1827) : « En 1776, M. Paul Fauvet-Duhart, imprimeur, publia un traduction en gascon-bayonnais de quelques fables choisies de La Fontaine. Les *auteurs anonymes* de cette traduction ont conservé assez heureusement le ton naïf et la facilité gracieuse de l'original ». Remarquez un peu le pluriel que j'ai souligné. Comprend-il l'abbé Daretche, l'abbé Despourrins, ou peut-être d'autres encore? De l'abbé Daretche je ne puis rien dire. Pour ce qui est de l'abbé Despourrins, sa participation au recueil ne me paraît guère probable. M. V. Lespy, professeur au lycée de Pau (2), et M. Vignancourt, qui ont donné la biographie du chevalier Despourrins, ne disent aucun que ces deux frères, qui étaient abbés, fussent poètes, et, si l'un de ces deux abbés nous eût laissé des poésies, nul doute qu'elles n'eussent été insérées dans le recueil béarnais, dont le dernier volume

---

(1) Je dois les détails qui précèdent à l'aimable bienveillance de M. Gergerès, ancien magistrat, conservateur général de la Bibliothèque de Bordeaux.
(2) *Illustration du Béarn.* — Pau, 1856, in-12.

Suivant la biographie Michaud, Pierre Hourcastremé naquit à Navarreins dans le Béarn en 1742, et mourut vers 1815. Il a écrit plusieurs ouvrages en français, et son biographe le qualifie d'auteur médiocre mais original. M. Lespy dit qu'il a un style correct, pur, facile, élégant, mais lui reproche ce que vous allez lui reprocher dans un instant, d'avoir voulu compléter La Fontaine. Il a une passion malheureuse pour les développements et les hors-d'œuvre; il veut toujours faire mieux et surtout plus que son modèle. Le renard du fabuliste français connaît son monde. Il n'a pas encore à séduire « le vieux coq adroit et matois en sentinelle sur la branche d'un arbre » : il ne s'agit que d'un corbeau et d'un fromage. Le flatteur ne se préoccupe même pas de savoir si le fromage a été volé, comme le disent Phèdre et quelques fabulistes patois, ou s'il est empoisonné, comme le prétend Lessing. Il est « alléché », avant tout, et a affaire à un sot. A quoi lui serviraient les précautions oratoires? Le trait sera direct et portera. Aussi voyez comme dans La Fontaine l'entrée en matière est brusque :

> Eh! bonjour, monsieur du Corbeau,
> Que vous êtes joli! que vous me semblez beau!

vient d'être publié (1). Or cette publication contient justement les deux premières fables du recueil de 1776, et elles ne sont ni de Daretche ni de l'abbé Despourrins : elles sont d'Hourcastremé (2). Maintenant, que tout le recueil de 1776 soit d'Hourcastremé, je n'oserais l'affirmer, et, pour en revenir à l'idée de pluralité émise par l'auteur de la Chronique de Bayonne, je suppose que l'éditeur de 1776 a puisé à différentes sources: j'en trouve précisément une preuve dans les modifications qu'il a été obligé de faire subir aux deux fables d'Hourcastremé : *La Cigale et la Fourmi, le Renard et le Corbeau*. Dans la dernière de ces deux fables, l'auteur béarnais avait, comme Foucaud, localisé l'action. La scène se passait à *La Plante*, promenade au pied du château de Pau. L'éditeur bayonnais, pour être à la portée de ses lecteurs, a changé le lieu de la scène, et l'a placé à *Capbreton*, à quelques lieues de Bayonne. De même, dans la fable du *Renard*, le fromage que le corbeau tient à son bec n'est plus un fromage « de Lanne, rond comme une lune ». Ce trait a disparu dans le recueil de 1776.

(1) *Poésies béarnaises, avec la traduction française*, 2ᵉ édition. — Pau, E. Vignancour, 1852-60, 2 vol. in-8. — Le tome II de ce recueil contient, outre les deux fables sus-mentionnées, la traduction de la fable *des deux Coqs* donnée, en 1824, par Hatoulet.
(2) V. la critique que M. Lespy fait de ce fabuliste : *Illustration du Béarn*, page 65.

Écoutez maintenant Hourcastremé :

> Certain courbach, sus bèt nouguè,
> U roumatye en soun bec tienè
> Deüs de Lanne, ardoun coum ûe lue :
> Et meste renard aü bèt pè,
> Qui deü senti plasé prené,
> Qué sounyabe aü ne hà qu'atiqu'ûe :
> Quine casse, disè tout chouaü !
> Aço n'ey biande dé casaü.
> — Holà ! s'eü cride, camarade !
> Lechat-mi dà quaüque dentade.
> Debarat : qu'ey prés û lebraüt ;
> Qué partatyeram l'û et l'aüt :
> Qu'eüs fricasseram chens padère
> E la fé qué heram gran chère.

Certain corbeau, sur un beau noyer, tenait un fromage à son bec, de ceux de Lanne, rond comme une lune ; et maître renard, au pied, qui prenait plaisir à le sentir, songeait à en faire quelqu'une. — « Quelle chasse! disait-il tout bas, cela n'est pas viande de jardin. — Holà ! crie-t-il, camarade, laissez-moi donner quelque coup de dent. Descendez ; j'ai pris un levraut. Nous partagerons l'un et l'autre. Nous les fricasserons sans poêle, et, ma foi ! nous ferons grande chère.

On se doute bien que le corbeau reste sourd, et ne donne pas dans un piége aussi grossier. Que va faire maintenant le renard d'Hourcastremé? « Il se gratte l'oreille, cherche, tourne, finit par trouver quelque chose de meilleur », et se décide à employer la louange. Tout cela n'est pas heureux.

Je me suis servi pour cette petite analyse de la version donnée par M. Vignancourt, comme étant, à mon avis, la version originale. Revenons au recueil de 1776. Les autres fables contenues dans ce volume sont à peu de chose près toutes dans le même genre et de la même force. Il y a, par exemple, dans la fable de La Fontaine *Le Loup et le Chien* deux vers sublimes :

> Le loup déjà se forge une félicité
> Qui le fait pleurer de tendresse.

La simplicité de ces deux vers si mélancoliques, si harmonieux, vaut certes mieux qu'un long discours. Il y a là non-seulement les adieux du loup à une vie de vagabondage, mais encore toutes les illusions décevantes des malheureux. Voyons comment cette idée a été délayée par l'imitateur anonyme :

— 13 —

>Lou loup detéste
>Le sou bite de bagaboun :
>You n'éi, s'ou dits, arrei de boun :
>Tout à le punte de l'espade ,
>E, si gahi quoque moutoun,
>Quoque crabe à mitat pelade.
>Qu'em hén passa per un lairoun.
>You t'abandouni , triste bite ;
>Loup n'es héit per bibe en hermite,
>Plan coutén seréi d'are-en-là (1).

(Livre I, fable V.)

Le loup déteste sa vie de vagabond. « Je n'ai, se dit-il, rien de bon : tout à la pointe de l'épée! Et, si j'attrape quelque mouton, quelque chèvre à demi pelée, il me faut passer pour larron. Je t'abandonne, triste vie. Loup n'est pas fait pour vivre en ermite. Je serai bien content désormais. »

Au moins Hourcastremé, dans les deux fables que nous avons de lui, a toujours su respecter les convenances. Je voudrais pouvoir en dire autant du reste du recueil. Voulez-vous un modèle du genre? Parcourez la table, et choisissez dans les sujets traités par La Fontaine celui qui vous semblera devoir prêter le mieux au dévergondage gascon, soit *le Meunier, son fils et l'Ane*. Les héros d'Homère sont des gens bien élevés comparativement aux personnages de ce conte-fable. Vous vous rappelez que, au commencement du voyage, le baudet est porté comme un lustre :

>Oun bas atau ? dits un besin.
>Quéign drole é nabét esquipatye!
>Eh ! l'ats héit prene lou poutatye ?
>Prenets doune gouarde d'ou blassa !
>Héts à lési, n'eb cau pressa.
>Quént arribits à l'assemblade,
>Per refresqui lou camerade,
>Dats-l'en ibe pinte ab pan fres.
>Digats-me, qui-es l'asou dous tres ?

(Livre II, fable V.)

(1) Remarquez la phrase *Loup n'es héit per bibe en hermite*. Foucaud dira plus tard, en prenant le contre-pied de l'idée :

>L'emi, tu i\à quittà 'no vito
>Que n'èrio de segur ni de sen ni d'hermito.

Où allez-vous ainsi? dit un voisin. Quel singulier équipage! — Eh! lui avez-vous fait prendre un potage? Prenez donc garde de le blesser! faites à loisir : il ne faut pas vous presser. Quand vous arriverez à l'assemblée, pour rafraichir le camarade, donnez-lui pinte et du pain frais. Dites-moi quel est l'âne des trois.

« Passent trois bons marchands. » Ces trois bons marchands sont sérieux comme il convient à des gens de leur profession. Ils parlent au nom de la morale, et leur discours est sentencieux. Au moins c'est ainsi que nous les représente La Fontaine, avec cet art des contrastes dont il possède si bien le secret :

> Oh là! oh! descendez, que l'on ne vous le dise;
> Jeune homme qui menez laquais à barbe grise!
> C'était à vous de suivre, au vieillard de monter.

L'auteur gascon n'a pas compris cette finesse, et, pour comble d'étourderie, c'est en courant la poste que les marchands débitent leurs quolibets :

> Jou pai à pé que séc lou hill,
> L'au plantat com bére relique
> Sus lou grisoun. As la coulique,
> Youeno barbe? A pé biste dounc,
> E lachats piba lou papoun.

Le père à pied, qui suit le fils, planté sur le grison comme une belle relique. As-tu la colique, jeune barbe? A pied vite donc, et laisse monter le grand-père.

Jusqu'ici la caravane n'est pas encore trop maltraitée; mais la voilà aux prises avec des adversaires plus sérieux : ce sont trois femmes. Nous allons voir se développer toute la richesse du vocabulaire imagé et énergique mis en lumière par Vadé.

« Gran nigaut........ »

se met à crier la plus jeune des trois femmes,

> Gran nigaut, et héi mau l'arreye,
> Pendén qui lou gouyat tourteye,
> Qui s'estripe de ha camin,
> Bons plan à d'aise siou Martin,
> Arrequincat com ib espouse.
> — Béi-t-en au diable! eh! qu'és yelouse?

> Eh! soun aco lous touns ahas?
> Dits lou pai. Hique aci lou naz,
> Male bésti, tros de carrougne.
> — Qu'as dit, penail, gusas, ibrougne,
> Cap de porc? Parle, héi! leiroun;
> Couan-t-a qu'és sourtit de presoun?
> Ah! lou cournard! ah! lou bagatye!
> Couan de pais abé lou mainatye?

Je n'ose traduire. Passons vite.

J.-B. BERGERET. — Les défauts que je viens de signaler n'échappèrent pas quarante ans plus tard à un traducteur gascon du nom de J.-B. Bergeret, comme il nous l'apprend du reste lui-même dans la préface de son livre publié sous le titre suivant : *Fablos causidos de Jean La Fountaino tremudados en berses gascouns, é dédiados à soun altesso rouyalo M°ᵘ lou duc d'Angoulémo, per un bourdelés, M. Bergeyret lou nebout* (1).

« Il me sembla remarquer, dit l'auteur en parlant du recueil de 1776, que mon devancier (c'est mes devanciers qu'il faudrait dire selon moi), que mon devancier avait chaussé le bonhomme en trop lourds sabots. Quoique, en traduisant des fables en patois, il faille bien de rigueur leur donner l'allure villageoise, il importe aussi que cette allure ne paraisse pas trop rustre. » — Et plus loin : « Il paraît avoir eu moins à cœur de rappeler combien son original offrait un mélange de naïveté, de délicatesse et de grâces, que de transporter dans son idiome les divers sujets de La Fontaine, pour ainsi dire, mis à nu, s'embarrassant peu de la forme, pourvu qu'il réussît à rappeler l'idée du fond.... Mais, trop avare des fleurs dont La Fontaine a jonché sa route, il emploie trop rarement cet aimable artifice à l'aide duquel l'inimitable conteur sait faire de la fiction quelquefois la plus simple un tableau des plus vrais et des plus attachants. » — Rectifions, en passant, cette dernière assertion : qu'Hourcastremé soit chaussé de gros sabots, je le veux bien ; mais, quant aux fleurs, vous venez de voir que, s'il manque quelque chose aux fables du recueil de 1776, ce ne sont ni les fleurs ni le parfum.

Rapprochons ces explications de la date du livre, du lieu de son impression, Paris, où l'auteur résidait depuis fort long-

(1) Paris, L.-G. Michaud, et Bordeaux, veuve Bergeret, 1816, un vol. in-12.

temps à son dire, de sa dédicace au duc d'Angoulême, et nous pourrons d'avance nous faire une idée de sa manière. Bergeret, à l'exemple de la plupart des poètes, se fait une poétique à son usage. Il envisage la fable comme Fontenelle envisageait la pastorale. Sa muse, légitimiste et fidèle à tradition, se bornera à suivre pas à pas son modèle. Nous la verrons toujours bien obéissante, bien élevée, comme une muse qui fait ses études à Paris, et qui doit être présentée à la cour, proprette et soignée, se gardant bien de dire de gros mots, et surtout de faire l'école buissonnière. Choisissons parmi les fables les plus courtes :

LA CIGALO E L'ARROUMIC.

Touto l'estius durans, commensalo del prat,
    Quant la cigalo augut cantat,
Balà que de pitanço élo se troubét nudo,
    A la gelado rebingudo.
    La bestiolo n'abébo pas
    Un pé de mousco à ses repas.
    Doulento bay crida famino
Chés l'arroumic, sa pu protcho bezino,
    La counjurans de l'y presta
    Quauquo grunal per subsista
    Dinquios à mestibo noubélo.
    Là, bouno amiguo, l'y fay élo,
Benguo lou més d'août, counscienço d'animal !
Bous paguoray la rendo, amai lou principal.
Se coumplaît d'amassa, més préstuso n'es gayre
    L'arroumic : aco's soun défaut.
    Coumo anabets, din lou tems caud ?
    Demando élo à sa malebayre.
    — Lou jour, la néyt, delà, deçà,
A toutos gens passans, y respoun la cigalo,
Cantabi, sio dit sense bous offensa.
— Bous m'offensa, besino ? Abéts boulgut passa
L'estius an de cansous, coumo qui se régalo :
Hebai ! aro que gélo, es lou tems de dansa.

                        (Page 103.)

Hélas ! à part quelques chevilles, Bergeret non plus n'a rien prêté à la cigale. Cependant, soyons juste, il y a du mouvement dans le récit, et Bergeret, après Foucaud, qui sous ce rapport est hors ligne, est un des fabulistes patois qui ont le mieux compris tout le parti qu'il y avait à tirer de la coupe du vers :

LOU GAT, LA BELÉTO É LOU LAPINOT.

Mademouysélo beléto
S'abizéc, un bel matin,
D'ana lougea sa persouno louguéto
Din l'oustal d'un joyno lapin.
Es rusado tant que fluéto.
Bous porto aqui ses dius un jourt,
Tant que lou mésto à l'albo matinouso
S'en éro anat diso bounjourt,
É de thym se bauma sur la fresco pelouso.
Quant augut troutegeat, guimbat d'acin d'à-là,
E finit de se regala,
S'entorno Jean lapin al loc de sa demoro.
La beléto abio mis deforo
Soun naz pel finestrou...... etc.

Mademoi selle belette s'avisa un beau matin d'aller loger sa personne *longuette* dans la maison d'un jeune lapin. Elle est rusée autant que fluette. Elle vous porte là ses dieux un jour que le propriétaire était allé dire bonjour à l'aube matineuse, et se parfumer de thym dans la fraîche pelouse. Quand il eut trotté, gambadé de çà, de là, et fini de se régaler, Jean lapin s'en retourne à sa demeure. La belette avait mis dehors le nez par la fenêtre.

Le reste marche avec le même entrain. Les parties, ne pouvant s'accorder, ont recours à Rominagrobis, qui leur dit :

Approtcho, drollo ; tu, fay de mémos, maynatge.
Approuchats de pu prés, é bous tenéts de court :
Sey sourt.

On peut, sans être taxé de pédantisme, faire remarquer l'à-propos de ce petit vers. Les chutes du genre de celle-ci sont très-heureuses : il est seulement fâcheux que l'auteur les ait trop multipliées.

Je me bornerai à renvoyer pour certains autres détails de critique à une lettre adressée à Bergeret par M. de Roquefort. Cette lettre fait partie d'une Note de l'éditeur insérée à la suite de la préface sus-mentionnée. Vous y remarquerez les appréciations de l'auteur du *Glossaire de la langue romane*, relativement à cette langue, et surtout à la ligne de démarcation entre la langue d'oc et la langue d'oïl, ligne que, à l'imitation de presque tous les philologues français, il prétend être la Loire. Mais ceci n'est pas de mon sujet (1).

Il faut encore savoir gré à Bergeret de la délicatesse qui règne presque toujours dans son style. Je dis presque toujours, car quelquefois ses images ne sont pas du meilleur goût :

<blockquote>
Enfin la pégro tant s'enflée
Que n'en crebée,
Ses trippos à brimbails escappans de soun bentro.
</blockquote>

Enfin la sotte s'enfla tellement qu'elle en creva, *ses boyaux à petits morceaux échappant de son ventre.*

(*La Grenouille et le Bœuf.*)

<blockquote>
.... la sanno, é, quant l'oubrit,
A fin finalo el descoubrit
Qué tout l'endédens de sa poulo
Ero arengeat sul mémo moulo
D'aquélos dount lous yoous ne rapourtaben rés,
Se n'es, d'an soun mujol, la glayro touto soulo.
</blockquote>

Il la saigne, et, quand il l'ouvrit, finalement il découvrit que tout l'intérieur de sa poule était arrangé sur le même moule que celles dont les œufs ne rapportaient rien, *si ce n'est, avec son jaune, la glaire toute seule.*

(*La Poule aux œufs d'or.*)

Bergeret n'a traduit que vingt-sept fables de La Fontaine. Le dialecte dont il s'est servi n'est pas précisément celui de Bordeaux : c'est celui d'Agen et des environs, seul rapprochement du reste qu'il y ait à faire entre le fabuliste bordelais et Jasmin. Si Bergeret n'eut pas le génie du coiffeur-poète, il n'eut

---

(1) Je ne puis cependant me résoudre à passer sous silence ce que dit à ce propos M. Louis de Baecker (*Grammaire comparée des langues de la France*, 1860, in-8, page 50) :

« La ligne de démarcation qui sépare le premier de ces idiomes (la langue d'oc) du second (la langue d'oïl) commence, au sud-ouest, au bord de la Gironde, près Blaye, se dirige à travers les départements de la Charente-Inférieure et de la Charente, vers l'est de celui de la Vienne et le nord de la Haute-Vienne et de la Creuse; puis pénètre dans l'Allier, et passe à l'est du Puy-de-Dôme et au nord des départements de la Haute-Loire, de l'Ardèche et de l'Isère ».

Voilà, ce me semble, où est la vérité.

pas non plus son bonheur. N'étant pas l'homme d'une coterie, il ne put offrir aux Bourbons qu'un dévoûment inaltérable mais inerte : aussi vécut-il et mourut-il à peu près ignoré. Ses fables, il est vrai, sont mentionnées par le bibliographe Quérard, article *La Fontaine*, et par M. Paul Chéron, *Catalogue de la librairie française au* XIXe *siècle*; mais sa vie ne se trouve dans aucun ouvrage biographique, et, sans l'aimable obligeance de son ami M. Gergerès, conservateur de la bibliothèque de Bordeaux je ne pourrais même pas vous dire qu'il naquit en 1765 dans cette ville, où il mourut le 18 mars 1833.

LIMOUZIN-LAMOTHE. — Suivant l'ordre géographique que j'ai cru devoir adopter, je me vois obligé de placer ici un fabuliste auquel son biographe, M. Moquin-Tandon, membre de l'Institut, professeur à la Faculté de Médecine de Paris, donne le titre de poète languedocien. Je veux parler de Limouzin-Lamothe (1), né à Verdun, petite ville de l'ancienne Gascogne, située, à la limite du Languedoc, sur la rive gauche de la Garonne. Au surplus, l'étude de ce fabuliste sera une transition toute naturelle entre ce que je viens de dire des imitateurs gascons et ce que j'aurai à dire des imitateurs languedociens.

Jean-Philippe-Marc Limouzin-Lamothe, pharmacien, professeur d'agriculture et poète, naquit en 1782, et mourut d'une attaque d'apoplexie foudroyante le 30 novembre 1818. Ses poésies n'ont pas été réunies en corps d'ouvrage, et sont disséminées dans divers journaux ou publications. Ainsi la fable *lou Loup et l'Agnel* a été imprimée dans la *Revue de l'Aveyron et du Lot* (26 juin 1837), et reproduite par Jules Duval, dans son *Mémoire sur les proverbes patois* (2), avec celle des *Animaux malades de la peste*. M. Moquin-Tandon possède trois manuscrits de Limouzin-Lamothe, dont deux in-8 contiennent, l'un quinze fables, l'autre deux fables traduites de La Fontaine. Je dois à l'extrême bienveillance du propriétaire communication de deux de ces fables inédites, que je reproduis moins pour leur mérite que pour leur nouveauté :

---

(1) V. pour les détails la notice que M. Moquin-Tandon a publiée dans la *Biographie Michaud*, nouvelle édition.

(2) *Mém. de la Société des Sciences, Lettres et Arts de l'Aveyron*, T. V, p. 671. — Le *Mémoire sur les proverbes* a été tiré à part à 15 exemplaires.

LOU RAYNARD ET LOUS RASINS.

Certain raynard gascou, d'aoutres disou nourman,
Aganit dè talén, vésquét, sur uno treillo,
Dé rasins dount éro gourman,
D'uno aparènço sans pareillo.
Lou pendart, sans fayçous, n'aourio fayt dous bentrats.
Dins la difficultat dè lous pouder aténgé :
Soun pas madurs, çà dits, soun bous per dé goujats.
Tournarey un aoutré diméngé,.....

Certain renard gascon, d'autres disent normand, exténué de faim, vit sous une treille des raisins dont il était gourmand, d'une apparence sans pareille. Le pendard sans façons en eût fait une *rentrée*. Dans la difficulté de pouvoir les atteindre : Ils ne sont pas mûrs, dit-il : ils sont bons pour des goujats. Je reviendrai un autre dimanche.

LA CIGALO ET LA FOURMIC.

Trabaillén al pu léou en sasou favourablo.
La cigalo noun mét l'exemple dins la fablo,.....
Aprèps abé lambrat et cantat tout l'estiou,
Quand l'hivér arrivet, manquet de pervisiou.
S'anguet plangé de famino
A la fourmic sa bézino,
La préguèn dé ly presta
Quicomét per subsista
Jusqu'à la primo noubélo ;
Nou fouguès què bricaillous
Dé vermés ou mouscaillous.
A paga sérey fidèlo ;
Countats-y, fè d'animal,
Intérêt et capital.....
La fourmic es pas préstayro ;
Aqui soun pétit défaout.
— Qué fasiatz dins lou téns caout,
Doumaysèlo l'énprountayro ?...
— Cantavi, la neyt, lou jour,
Faguèn à praqui l'amour,
Bouno damo, pèr vous playré.....
— Ah! cantavetz dé cansous :
Aro dounc vivetz dè l'ayré ;
Jouyousomén pourtatz-vous.

Travaillons au plus vite en saison favorable. La cigale nous met l'exemple dans la fable. Après avoir *lambiné* et chanté pendant tout l'été, quand l'hiver arriva, elle manqua de provisions. Elle alla se plaindre de la famine à la fourmi sa voisine, la priant de lui prêter quelque chose pour subsister jusqu'au printemps prochain, voire des *brimborions* de vers ou de moucherons. — A payer je serai fidèle, comptez-y, foi d'animal ! intérêt et capital. — La fourmi n'est pas prêteuse : c'est son tout petit défaut. — Que faisiez-vous au temps chaud, demoiselle l'emprunteuse ? — Je chantais la nuit, le jour, faisant là tout près l'amour, bonne dame, pour vous plaire. — Ah ! vous chantiez des chansons ? Maintenant donc vivez de l'*air*, Joyeusement portez-vous.

On le voit, Limouzin-Lamothe, comme Bergeret, s'est presque toujours borné à traduire assez fidèlement La Fontaine, et n'a pas eu la main assez légère pour toucher à l'œuvre délicate du maître. Les modifications auxquelles il a été entraîné par les exigences de la versification sont généralement irréfléchies. Combien les regrets et les projets du renard de Limouzin-Lamothe pâlissent devant le dédain suprême et sans appel du héros de La Fontaine ! Combien l'antithèse sèche et cruelle de la fourmi l'emporte, dans le modèle, sur les développements intempestifs de l'imitateur gascon !

Il faut dire que les fables imprimées sont meilleures, notamment celle des *Animaux malades*, et je dois reproduire à ce sujet le jugement de M. Moquin-Tandon : « Les poésies de cet auteur sont écrites avec verve : elles ne manquent ni d'originalité ni de sel ; mais elles paraissent souvent négligées, ce qui tient probablement à ce que l'auteur écrivait à bâtons rompus, sans prétentions, uniquement pour son plaisir, et ne songeant nullement à la publicité ». Les réserves ci-dessus faites, il me paraît difficile d'ajouter quelque chose à une si juste appréciation.

IV.

FABULISTES LANGUEDOCIENS.

A quelque distance des anciennes limites de la Gascogne, à l'est, se trouve Toulouse, la capitale du Languedoc. Je ne possède, comme spécimen du dialecte de cette ville, qu'une fable dont j'ignore l'auteur, et qui court manuscrite dans le pays. Je la reproduis en entier, car la monotonie du rhythme y est pleinement rachetée par la vivacité du récit :

LA CIGALO ET LA FOURMIC.

Lé counté dits qué la cigalo,
Al cor d'hiber, abio la galo,
Et n'abio rés dé co qué cal
Per sé bouta jouts lé caissal.
La pâouro bestio miéjo morto,
Cahin, caha, daban la porto
Dè la fourmic sé trigoussec.
Peï, d'un toun doulent, ly dissec :
Prestaï-mó, si bous plaï, bésino,
Un pâou de blat ou de farino ;
Car m'a métudo à l'hespital
La malâoutio del miou sigal.
Boli qué mé toumbé uno patto,
S'abez à fa d'am un' ingratto,
Et bous randré, fé d'animal,
L'interèt et lé capital,
Après la prumiero garbiéro
Qué bastiran dessus l'aïero.
— E qu'un èro vostre mestié?
Ly dits, d'un aïre trufandié,
La fino coummaïre fourmigo.
— En plén estïou, quand lé soulél
Bous pintro coulou dé calél,
Alabets, nou bous desplasio,
You cantabi dé bouno gracio,
E défisi qu'el roussignol
Ufflé ta pla lé gargaillol ;
Tabès fasio su l'Esplanádo
Lé plasé dè la proumenádo.
— Lé tour n' és briquo mal ingert,
Més presta gasto et douna perd,
Ça mé disio la miou grand-maïre ;
Bélo câoussiou dè flàuataïre !
Perqué cantabets alabets,
Aro dansats tant que pouïrets.

Qui nou sentis qu'és la mouralo
Dé la fourmic et la cigalo,
Al grand desdounou das fégnans
Truco-taoulles et béligans !

Le conte dit que la cigale, au fort de l'hiver, avait la gale, et n'avait rien de ce qu'il faut pour se mettre sous la dent. La pauvre bête, moitié morte, cahin, caha, devant la porte de la fourmi se tourmentait. Puis, d'un ton dolent, elle lui dit : Prêtez-moi, s'il vous plaît, voisine, un peu de blé ou de farine, car la maladie de mon mari m'a mise à l'hôpital. Je veux qu'il me tombe une patte si vous avez affaire à une ingrate, et je vous rendrai, foi d'animal! l'intérêt et le capital sur la première gerbière que nous élèverons. — Et quel était votre métier ? lui demanda d'un air moqueur la fourmi fine commère. — En plein été, quand le soleil vous donne la couleur d'une lampe de cheminée, alors, ne vous en déplaise, je chantais de bonne grâce, et je défie le rossignol d'enfler si bien le gosier ; aussi faisais-je sur l'*Esplanade* le plaisir des promeneurs. — Le tour n'est pas mal ingénieux ; mais, prêter gâte, et donner perd : c'est ce que me disait ma grand'mère. Belle caution de flatteur ! Puisque vous chantiez alors, maintenant dansez tant que vous pourrez. — Qui ne voit que la morale de la fourmi et de la cigale est au grand déshonneur des fainéants, batteurs d'estrade et va-nu-pieds !

AUGUSTE GALTIER. — Ne nous arrêtons pas, et arrivons à Castelnaudary dans l'Aude. Là nous trouvons un négociant du nom d'Auguste Galtier, littérateur distingué, qui a publié un grand nombre de contes, de chansons et de pièces fugitives dans les journaux de sa localité. Il est auteur du poème de *Noémi* et des *Mémoires d'un gal*. La seule fable que je connaisse de lui est l'imitation des *Deux Pigeons* de La Fontaine, imprimée dans *l'Abeille de Castelnaudary*, n° du 16 mai 1844. Le récit de Galtier est plein de limpidité, de fraîcheur, de sentiment et de décence ; mais l'intempérance languedocienne m'empêche, quelque regret que j'en aie, de rapporter la fable en entier. Ainsi c'est par un véritable discours de rhétorique que le poète rend les remontrances et les prières du pigeon abandonné :

....
L'aoutre, qu'un tal proujet pla fort estoumagao,
L'y diguèt en plouran : Qué té manquo al louchis
Per boulé tén ana rouda la patanteyno ?
  Bésés qu'ayci sios sansé geyno :
Y fas tout ço qué bos, digus non té dits ré...
Té lèbos quant té play, sourtisses quant t'agrado,
As dé blat, as dé milh, dé besso pla triado,
E lé riou y es ta clar qu'on y bcou per plasé... (1)
Anen, sios rasounable, é quittes pas un frayré,
  Qué san tu mourio, pécaïre !
Car l'absenço es per el un pla tarriblé mal...

(1) Remarquez ce joli vers.

Pas per tu cruel ! car sé b'éro,
Mô tendrios un discours de touto noutro maniero.
Ycou pensi saquéla qué lé trigos qué cal
   Per entrèprénc un loung bouyatjé
Té fara lcou cambia dé plan é dé lengatjé...
Encaro s'attendios la mountado del tens !
Démoro'n més dé maï, crey-m'n ycou, qué té presso ?
L'aoutro neït è soumiat, béjos mous pensomens !
Qu'un grand malhur foundrio sus un dé moun espèço.
Tabé, soulet aïci, n'aouré, daban les els,
Què sédous, què fialats, què maïssantis aouzels...
Hélas ! mé dirè, plaou, ben neït, aro tempesto...
   Qui sap sè moun fraïre sè dol,
   Qui sap s'el a tout ço qué bol,
Boun gra, boun lochomen, bounis souens è lé resto ?...

L'autre, qu'un tel projet bien fort *estomaquait*, lui dit en pleurant : Que te manque-t-il au logis pour vouloir t'en aller roder la pretentaine ? Tu vois qu'ici tu es sans gêne. Tu y fais tout ce que tu veux : personne ne te dit rien. Tu te lèves quand il te plait ; tu sors selon ton gré. Tu as du blé, tu as du miel, de la gesse bien triée ; et le ruisseau y est si clair qu'on y boit par plaisir.... Allons ! sois raisonnable, et n'abandonne pas un frère qui sans toi mourrait, hélas ! car l'absence est pour lui un mal bien terrible. Pas pour toi, cruel ! car, si c'était, tu me tiendrais un tout autre langage. Je pense d'ailleurs que (l'idée de) la fatigue qu'il faut (affronter) pour entreprendre un long voyage te fera bien vite changer de plan et de langage..... Encore si tu attendais la *montée du temps* (les beaux jours)! Reste jusqu'au mois de mai, crois-moi, qui te presse ? L'autre nuit j'ai songé, vois quelles sont mes pensées ! qu'un grand malheur s'abattrait sur quelqu'un de mon espèce. Aussi bien, seul ici, je n'aurai devant les yeux que nœuds coulants, filets, méchants oiseaux..... Hélas ! me dirai-je, il pleut, la nuit vient, la tempête souffle : qui sait si mon frère se plaint ? qui sait s'il a tout ce qu'il veut : bon grain, bon logement, bons soins et le reste ?

Le pigeon voyageur répond sur le même ton. On croit entendre l'un après l'autre deux avocats plaidant une cause. L'odyssée traine également en longueur. En somme, l'imitation patoise a cent onze vers, et encore l'auteur, par une pruderie singulière, s'est-il arrêté aux réflexions charmantes qui terminent la fable de La Fontaine.

AUGUSTE TANDON (1). — Auguste Tandon, dans une ou deux

(1) *Fables et contes en vers patois*, par Auguste Tandon, troubadour de

de ses fables, est encore plus scrupuleux que Bergeret et que Limouzin-Lamothe : il ne s'écarte du texte que pour les besoins de la mesure ou de la rime :

> La raça dé las bélétas,
> Pas may qu'aquéla dos cats,
> Vôou pa gés dé bén as rats,
> Et s'èra pa qu'éstréchétas
> Soun las portas dâou ratun,
> La doumaysèla nòu fin mourre
> Lous farié diablamén courre,
> Et n'estoufarié may d'un.

La race des belettes, pas plus que celle des chats, ne veut guère de bien aux rats, et, si n'étaient étroites les portes des ratons, la demoiselle au fin museau les ferait diablement courir, et en étoufferait plus d'un.

(*Le Combat des rats et des belettes.*)

Dans d'autres fables, au contraire, il concentre La Fontaine, et le réduit en quelque sorte à la concision ésopienne :

> Una granouïa énvisageave un biòou
> Aou pe pâoutut, à la taïa quarada ;

Montpellier. — A Montpellier, chez Renaud, an VIII, in-8, avec cette épigraphe :

> És pas aysat dé playré à tout lou mounde,
> Cé qu'un trova poulit, un àoutre ou trova sot :
> Lou voular és fachat s'entien qué lou chi grounde ;
> Lou mèstre és pa countén sé lou chi dis pa mot.

Une seconde édition, augmentée, a été publiée en 1813. Le libraire Virenque fils, de Montpellier, en avait annoncé une troisième en 1842 : elle n'a pas paru. G. Brunet, de Bordeaux, a réimprimé la fable intitulée : *la Mountagna qu'accoucha* dans sa *Lettre sur les patois*, 1839, p. 32.

Auguste Tandon naquit à Montpellier le 15 juillet 1759. Doué d'un jugement sûr, d'une imagination vive et d'une mémoire prodigieuse, il fut tout à la fois un poète distingué et le chef d'une des maisons de banque les plus considérables du midi. Il mourut subitement à Montpellier, le 27 novembre 1824. Je dois les détails qui précèdent à l'obligeance de M. Lemercier, sous-bibliothécaire au muséum d'histoire naturelle de Paris, lequel a bien voulu me confier le manuscrit de sa Notice sur Auguste Tandon, destinée à la nouvelle édition de la *Biographie Michaud*, en cours de publication.

> Ela, qu'àourià dansat din lou cruvèl d'un iòou,
> S'én trouvèt tan humiliada
> Qué, san may counsultà qué soun pichot orgul,
> Vouguèt, én bén buguén, couma él dévéni grossa,
> Mès aquéla pâoura talossa
> Faguèt un fort michan calcul :
> Lou trop pintà ye crébèt la panouïa.

Une grenouille envisageait un bœuf au pied pesant, à la taille carrée. Elle, qui aurait dansé dans une coquille d'œuf, s'en trouva tant humiliée que, ne consultant que son petit orgueil, elle voulut, à force de boire, devenir grosse comme lui. Mais cette pauvre maladroite fit un fort mauvais calcul : le trop *pinter* lui creva la *bedaine*.

C'est la fable de La Fontaine dépouillée de son plus bel ornement, le dialogue. Voyez aussi, comme exemple de ces résumés, la *Poule aux œufs d'or*, l'*Écrevisse*, etc. (1).

N'allez pas croire pourtant que Tandon soit toujours aussi sec : plusieurs de ses imitations sont, au contraire, profondément empreintes du génie méridional. Au milieu de la fluidité languedocienne, se détachent, fraîches oasis, de gracieux détails que La Fontaine lui-même n'aurait peut-être pas eu le courage de rejeter. L'introduction de la fable française *l'Amour et la Folie* est digne assurément d'être citée :

> Tout est mystère dans l'Amour :
> Ses flèches, son carquois, son flambeau, son enfance :
> Ce n'est pas l'ouvrage d'un jour
> Que d'épuiser cette science.
> Je ne prétends donc point tout expliquer ici :
> Mon but est seulement de dire à ma manière
> Comment l'aveugle que voici
> (C'est un dieu), comment, dis-je, il perdit la lumière.

(1) Cependant ce laconisme n'est pas encore comparable à celui de deux fables que je trouve dans une brochure anonyme de 16 pages in-12, publiée, en 1806, sous le titre de *Contes en vers provençaux*. L'une de ces deux fables est *la Cigale et la Fourmi* ; voici l'autre :

> Un paysan prenguèt uno vipéro
> Qu'atroubèt transido de fréch ;
> La mettèt din soun sen, fèt la founcien de péro,
> Maï la couquino lou mourdèt.
> — Ingrat, vaqui toun caractéro.

Quelle suite eut ce mal, qui peut-être est un bien?
J'en fais juge un amant, et ne décide rien.

Mais l'imitation languedocienne a bien aussi son mérite :

Sé mó démandaves perqué
Nous réprésèntou l'Amour jouyne,
Poulit, flourat, gras comma un moyne,
Vous ou dirièy pa, per ma fé ;
Mès sé voulias qué vous diguèsso
Perqué lou drolle és toujour nut,
Perqué tèl ou tèl atribut,
N'ou dirièy pa noun plus quand ou pouguèsse,
Percèqu'aco finirié pà.
Volo soulamén vous countà
D'ount' vèn qu'és privat dé la vista,
Vous layssan mèstres dé jugeà
Sé fàou n'avèdre l'ama trista,
Ou sé d'aco fàou s'amusà.

Si vous me demandiez pourquoi nous représentons l'Amour jeune, joli, fleuri, gras comme un moine, je ne vous le dirais pas, non certainement ; mais, si vous voulez que je vous dise pourquoi l'enfant est toujours nu, pourquoi tel ou tel attribut, je ne vous le dirais pas non plus quand même je le pourrais, parce que cela n'en finirait plus. Je veux seulement vous conter d'où vient qu'il est privé de la vue, vous laissant maitres de juger s'il faut en avoir l'âme triste, ou s'il faut s'en amuser.

Ne dirait-on pas la traduction littérale de quelqu'un de ces essais qu'on a trouvés dans les manuscrits du naïf conteur?...

Mais n'allons pas trop loin dans notre admiration. Chez Tandon le naturel gascon reprend bien vite le dessus : il trouve le moyen d'étendre en cinquante-six vers les vingt et un vers du fabuliste français. Il nous représente l'Amour jouant de l'argent avec la Folie, et, par suite, une véritable scène de tripot. L'Amour veut en appeler à Jupiter et aux dieux assemblés ; la Folie, qui n'a pas la conscience bien nette, trouve plus expéditif de sauter au visage de son adversaire, et de lui crever les yeux. Vénus demande justice. L'imitateur languedocien en fait une plaideuse infatigable, sollicitant chaque dieu avec le tact merveilleux de la femme. Jupiter représente la plus haute expression du droit :

Ah ! Jupiter, fasès me drèch.

Chacun des dieux de l'Olympe a sa passion dominante, que Vénus cherche à exploiter :

> Vous, Apoulloun, vous diou dé la lumièra,
> Moun pâoure fil és coundannat
> A véyre pa-pus vostre ésclat,
> Agéas piétat dé sa misèra.
> Et vous, Minerva, ét vous, Junoun,
> Soungeás, pécayré! qué souy mèra ;
> Véngea-mé, véngeás Cupidoun.
> Vous, Mars, n'ay pa bésoun d'ou dire,
> San doute vous récusarés.
> Et vous, Vulcain, sériè bé pire
> S'oupinavès din lou coungrés.

Vous Apollon, vous dieu de la lumière, mon pauvre fils est condamné à ne voir jamais plus votre éclat : ayez pitié de sa misère. Et vous, Minerve, et vous, Junon, songez, hélas ! que je suis mère. Vengez-moi, vengez Cupidon. Vous, Mars, je n'ai pas besoin de le dire, sans doute vous vous récuserez. Et vous, Vulcain, ce serait bien pire si vous opiniez dans le congrès.

Mais n'allons pas non plus trop loin dans notre blâme. En présence de cette paraphrase de la charmante allégorie de La Fontaine, je n'ai pas le courage de reprocher à l'imitateur de s'être laissé aller aux entraînements de son imagination.

Les productions du troubadour de Montpellier se recommandent surtout par l'étonnante variété des formes. Je viens de le montrer tour à tour imitateur concis ou verbeux : nous allons le voir parodiste, et, sous ce nouvel aspect, nous ne le trouverons pas au-dessous de lui-même. Le vers sera toujours coulant, le style toujours vif, sans que l'expression soit grossière. Tel est le travestissement donné par Tandon à la fable de La Fontaine *le Singe et le Dauphin*. La scène se passe, non plus à Athènes, mais près d'Aiguemortes. Le dauphin qui porte le singe sur son dos lui demande par hasard :

> — Sérias-ti, moussu, dé Béoucayre?
> — Ouy (dis lou singe), ét mé fariás plési,
> Sé vous yé survèn quáouque afayre,
> Dé mé y' escrioure. Un miou cousi
> Y' es présidén dé la coumuna ;
> Sa proutécsioun compta per una.

— Lou dàouphin diguèt : Gramècis !
Et Tarascoun ? l'anas-ti souvén véyre ?
— Toutes lous jours, ét poudès créyre
Qu'és lou miïou dé mous amis',
L'ay maridat émbe una soro siouna.
....
Aquél singe mé fay pénsà
Qué fossa géns sou dé sa méma éstofa :
Tèl résouna dé tout qué n'a jamay rés vis ;
Tèl prén Rousseau per un péïs,
Tèl l'Inda per un philosopha.

Seriez-vous, Monsieur, de Beaucaire? — Oui, dit le singe, et vous me feriez plaisir, s'il vous y survient quelque affaire, de m'y écrire. Un mien cousin y'est président de la commune : sa protection peut compter pour une. — Le dauphin dit : Grand merci ! Et Tarascon, l'allez-vous voir souvent? — Tous les jours, — et vous pouvez croire qu'il est le meilleur de mes amis; je suis marié avec sa sœur..... Ce singe me fait penser que force gens sont de même étoffe : tel raisonne de tout qui n'a jamais rien vu ; tel prend Rousseau pour un pays; tel prend l'Inde pour un philosophe.

Tandon ne s'est pas contenté d'imiter ou de parodier La Fontaine et quelques-uns de ses imitateurs : son livre contient encore des contes et des fables tirés de son propre fonds. « Ces dernières, au dire de Martin, l'un de ses compatriotes, dont je vais parler, ces dernières font regretter qu'il n'ait pas préféré le plus souvent le rôle d'inventeur à celui d'imitateur. » Dans sa *Notice*, encore inédite, M. Lemercier prétend que « ses poésies sont écrites tantôt avec une familiarité assez heureuse, tantôt avec un abandon trop négligé ». Enfin l'éditeur du recueil de l'an VIII, tout en reprochant à l'auteur ses nombreux gallicismes, cherche à l'excuser en disant qu'il a préféré encourir ce reproche « que de hasarder certaines expressions qui, quoique bonnes en elles-mêmes, auraient pu paraître basses et grossières ». Pour moi, tout en reconnaissant combien sont fondés les reproches faits au poète par son éditeur et son dernier biographe, tout en pouvant l'accuser de s'être cru obligé de recourir au français, je dirai, en réponse à l'observation de Martin, que toute imitation de La Fontaine doit nécessairement pâlir devant le modèle, qui est inimitable; qu'il faut inventer pour se débarrasser de ce terrible concurrent; que c'est ce qui fait la fortune des fables trouvées par Tandon, et qu'enfin celles qu'il a inventées nous paraîtraient charmantes si nous ne connaissions pas La Fontaine. On ne peut refuser au poète languedocien l'originalité dans l'imitation. Il y a dans ses œuvres le mouvement et la décente gaîté de son professeur Favre, le célèbre prieur de Cellaneuve, et je place Tandon bien au-dessus des anonymes bayonnais et du fabuliste de Bordeaux.

R. MARTIN fils (1). — Auguste Tandon eut un ami et un rival en poésie. Cinq ans environ après la publication du livre de Tandon, R. Martin faisait paraître : *Fables, contes et autres poésies patoises*. — A Montpellier, chez Renaud, libraire, an XIII (1805), in-8.

Outre les apologues que Martin a imités de Thomas Yriarte, de Nogaret, de J.-B. Rousseau, etc., et quelques autres dont les sujets lui appartiennent, le recueil que j'ai sous les yeux contient trois fables tirées de La Fontaine : *lou Gal et lou Reynard, la Fournïga et la Paloumba, lou Reynard et lou Courpatas*.

L'expression de Martin est généralement plus patoise que celle de Tandon ; mais on peut dire qu'il a moins imité La Fontaine que son compatriote, dont il a une partie des qualités et des défauts. Son style est parsemé de trop de ces détails insignifiants qui nous rappellent le fatras gascon du recueil de 1776 :

---

(1) François-Raymond Martin, né à Montpellier le 27 janvier 1777, et mort le 18 mars 1851, s'était de bonne heure adonné à la poésie et à la linguistique romanes. On a de lui, indépendamment de l'ouvrage ci-dessus :

1º *Les Loisirs d'un Languedocien*; Montpellier, 1827, in-8, contenant un *Essai historique sur le langage vulgaire des habitants de Montpellier*;

2º Deux exemplaires autographes complets de ses œuvres patoises, dont l'un fut donné par l'auteur à la bibliothèque de sa ville natale : M. Moquin-Tandon, légataire de l'autre, a fait imprimer à Toulouse, en 1846, et à 25 exemplaires seulement, une des pièces de ce recueil, intitulé : *Histouèra dé moun Récul de fablas, ou Galimathias en rimas* : dans ce badinage poétique, Martin raconte l'histoire de sa vocation littéraire, inspirée par la lecture des fables d'Auguste Tandon ;

3º Un *Dictionnaire général et étymologique des patois languedociens*, manuscrit inachevé, passé entre les mains de M. Noulet, à Toulouse.

Je ne puis mieux faire, au surplus, que de renvoyer le lecteur à la *Notice* que M. Moquin-Tandon a consacrée à Martin dans la nouvelle édition de la *Biographie Michaud*, T. XXVII, p. 135.

> Un gal, fin coûma l'ambre, ét déjà viél rouquié,
> Sus ùna branca d'aoûbre un jour s'espézioul ìva,
> Quànd un reynar lurat, que savié soun mestié,
> Dé déchout l'àoubré l'encensàva.

Un coq, fin comme l'ambre, et déjà vieux routier, s'épouillait un jour sur une branche d'arbre, pendant qu'un renard luron, qui connaissait son métier, au pied de l'arbre l'encensait.

La Fontaine, lui, s'est bien gardé de qualifier son héros, qui, cette fois, va avoir affaire à pártie et ne sera pas le plus fort :

> Sur la branche d'un arbre était en sentinelle
> Un vieux coq adroit et matois.
> — Frère, dit un renard, adoucissant sa voix,
> Nous ne sommes plus en querelle.....

Mais le renard de Martin va prendre sa revanche sur le corbeau ; et cette fois il sera sublime d'astuce, et ne le cèdera en rien au renard de La Fontaine :

> Adissias, mons dé courpatas :
> Per Môia (1) ! sé noun vostra alûra
> M'a tout d'un cop émbalàouzit !
> Chout ùna tant bèla tournûra
> Déou niza ségu fòça ésprit.
> Oh ! sé, din la cour plumajina,
> Un réynar èra réçajut,
> Tout-nàou diribèy à l'aousselìna
> Qué per èstre rèy sès nascut ;
> Sousténdrièy àou prémiè vengut
> Qué l'ègla mày que vous pot pa paga dé mina.

Bonjour, monsieur du corbeau : par ma foi si votre allure ne m'a pas tout à coup ébloui ! sous une si belle tournure doit nicher bien sûr force esprit. Oh ! si dans la cour emplumée un renard était reçu, tout haut je dirais à la gent volatile que pour être roi vous êtes né ; je soutiendrais au premier venu que l'aigle mieux que vous ne peut payer de mine.

(1) Par Maia ! vieux reste du paganisme.

Ici s'arrête le compliment. Le renard languedocien fait réellement beaucoup d'honneur au corbeau en tenant les grands moyens en réserve. Tout l'attirail de flagorneries entortillées que La Fontaine met dans la bouche de son flatteur ne déguise pas complètement le piége dans lequel doit tomber le corbeau, mais qu'il pourrait fort bien apercevoir :

> Sans mentir, si votre ramage
> Est semblable à votre plumage.....

Le héros de Martin aura toujours le temps de faire chanter sa dupe. Qu'a-t-il besoin en effet que le corbeau « ouvre un large bec » ? Qu'il le desserre un peu, c'est tout ce que demande le sournois :

> Moussu dé courpatas, prénén
> Ayço bon joc ét bon argén,
> Vòou né respondre àou coumplimén ;
> Ouvris lou bèc, ét soun floc dé froumage
> Tòmba, ét d'aquel rèynard né dèvèn lou partage.

Monsieur du corbeau, prenant cela bon jeu et bon argent, veut répondre au compliment, ouvre le bec : son morceau de fromage tombe, et du renard devient le partage.

Si Martin avait su se maintenir dans cette réserve, nul doute que sa traduction n'eût été une des mieux comprises qui nous ont été données. Malheureusement le récit est précédé d'un interminable avant-propos, dans lequel l'auteur, s'adressant à l'un de ses amis, lui explique en vingt-neuf vers comment il se fait que les bêtes parlent, puisque le matin même il a entendu un renard qui encensait un corbeau. Le même verbiage provincial reparaît dans la conclusion. La fable française offre un double dénoûment et une double expiation : ce n'est pas assez pour le corbeau d'avoir perdu son fromage : il doit encore subir les impertinences spirituelles et les humiliants conseils de l'imposteur. Mais, en définitive, la péripétie du drame est la chute du fromage : la toile doit tomber. Aussi La Fontaine n'a-t-il mis que quelques mots dans la bouche du renard, qui doit être pressé d'aller dévorer sa proie. Ce n'est pas le compte de Martin :

Aco's's cé qué voulèy (yé cride-él) grand talos ;
Ara fay-té réçaoupre rèy só pos.
Adiou, moun cher, apréndras à toun age
Qué tout flatayièra és troumpur ;
La liçou t'a coustat un moucèl de froumagé :
Aco's un fort pichot malhur ;
Un aoutra fés sèras pu sage.
Lou courpatas, fort hountous,
Réspoundèt din sou léngage
Qu'un atrapat né vàou dous.

C'est ce que je voulais (lui crie-t-il), grand lourdaud ! maintenant fais-toi recevoir roi si tu peux. Adieu, mon cher ; tu apprendras à ton âge que tout flatteur est trompeur. La leçon t'a coûté un morceau de fromage. C'est un très-petit malheur. Une autre fois tu seras plus sage. Le renard, fort honteux, répondit dans son langage qu'un attrapé en vaut deux.

A. COURET. — Avant d'arriver aux fabulistes nîmois, qui doivent terminer cette série, je ne puis passer sous silence un écrivain qui a été instituteur primaire à Alais. A. Couret a fait paraître un « *Recueil de poésies, légendes, ballades, etc.* — Alais, Martin, 1842, in-8 ». — Le *Bouil-Abaïsso*, 2ᵉ série, nº 76, 14 juillet 1845, p. 306, contient de lui une traduction patoise de la fable *le Renard, le Singe et les Animaux :*

Un journal vénié d'announça,
Chez touto la raço abestido,
Que lou lioun vénié de terminar sa vido,
Et que chaqu'animaou devié se prounounça
Per faïre un nouvèl rey. Tirerou la courouno
De soun estui d'argent, et chacun l'ensagét ;
Maïs, si rencountrèt pas persouno
Per remplaça lou vieil *sujet :*
L'un avié la testa trop grosso ;
L'aoutre y passavo tout entié ;
A la fin, un viel singe, expert din soun mestié,
Que de grimaço savié fosso,
Parce qu'avié servit un méstre balladin,
Prenguét lou ceoucle d'or, sé yé pléguét dédin,
Faguét de tours, de minganellos,
Piél millo grimaços nouvellos
Qu'avié pousados aou fleiraou.
Talamen qu'à la fin tout lou pople animaou,
Encanta dé soun saoupre-faïre,
Lou noumét soun rey et soun payre.

Lou rèinard, que se savié maou
De veire que l'esprit fouguèsso mes de caire,
Per los fa counveni qu'avieou caousit un sot,
Aou nouvel souverain diguét aqueste mot :
— Siro ! save, dins lou bouscage,
Un endrech rescoundut que counten un trésor
Qu'avié cachat un gros milord ;
En monarco prudén et sage,
Duvez lou rèclama per lou bé de l'Estat.
Venéz doun d'aqueste coustat,
Que vous lou moustraraï. — Lou nouvel gouvernaïre,
Counvencu qu'un rey sans argen
Es pas capable de rés faïre ;
Qu'acos lou soul mouyen de gouverna las gen,
Cresegué caouso fort utilo
D'avedre per pas res uno listo civilo,
Qu'as animaou ventrus servirié de régal ;
Et se laïsset guida per lou rusa coumpaïre
Vers un endrech ount' un cassaïre
Avié tendu soun regétal.
— Cercas aqui ségur, li dis la bestio fino.
L'aoutre, que creï déjà pousseda lou trésor,
Se mets à gratassa, faï parti lou ressort,
Et lou ferre lou prend oou mitan de l'esquino.
Lou rèinard yé diguét : Fos pas nous fa la leï,
D'abord que sabes pas tus-mêmo té counduire.
Toutes los animaous esclatéroun de rire,
Et chacun fèniguet per dire
Que doou proumié vengu loun poudié pas fà 'n reï.

Un journal *venait* d'annoncer à toute la race animale que le lion *venait* de terminer sa vie, et que chaque bête devait se prononcer pour faire un nouveau roi. On tira la couronne de son étui d'argent, et chacun l'essaya. Mais il ne se trouva personne pour remplacer le vieux monarque : l'un avait la tête trop grosse ; l'autre y (dans la couronne) passait tout entier. Enfin un vieux singe, expert dans son métier, qui savait force grimaces parce qu'il avait servi un maître balladin, prit le cercle d'or, se plia dedans, fit tours, simagrées, mille grimaces nouvelles qu'il avait apprises à la foire, tellement qu'à la fin tout le peuple animal, enchanté de son savoir-faire, le nomma son roi et son père. Le renard, qui se savait mal de voir que l'esprit fût mis de côté, voulant les faire convenir (les animaux) qu'ils avaient choisi un sot, dit ces mots au nouveau souverain : Sire, je connais, dans la forêt, un endroit dérobé qui contient un trésor qu'avait caché un gros milord. En monarque prudent et sage, vous devez le réclamer pour le bien de l'État. Venez donc de ce côté : je vous le montrerai. Le nouveau gouverneur, convaincu qu'un roi sans argent n'est capable de rien, et que c'est le seul moyen de gouverner les gens, crut chose fort utile d'avoir pour rien une liste civile qui pût servir de régal aux animaux ventrus, et se laissa guider par le rusé compère vers un endroit où un chasseur avait tendu son piége. Cherchez là sûrement, lui dit la fine bête. » L'autre, qui croit déjà posséder le trésor, se met à gratter, fait partir le ressort, et le fer le saisit au milieu de l'échine. Le renard lui dit : Tu ne peux nous faire la loi dès l'instant que tu ne sais pas toi-même te conduire. Tous les animaux éclatèrent de rire, et chacun finit par dire que du premier venu on ne peut faire un roi.

Fabulistes nîmois. — J'ai peu de chose à dire de la pléiade patoise qui fait actuellement les délices de la population de Nîmes. Dans les recueils aux titres pittoresques (1) édités par elle depuis quelques années, elle semble avoir pris à tâche d'exagérer la grossièreté gasconne et l'intempérance provençale. Jamais le pauvre La Fontaine ne fut si maltraité. Les uns, à l'exemple de ce qui se faisait il y a une douzaine d'années, métamorphosent les fables en chansons *sur l'air du Tra la la*, avec force variations, fioritures, points d'orgue, etc.; les autres les mettent en contes, les faisant précéder de prologues rabelaisiens, d'interminables avant-propos; et tout cela, s'il vous plaît, enjolivé d'expressions qui, abusant du privilége de leur origine latine, se dispensent de respecter le lecteur. Aussi les citations sont-elles presque impossibles. Cependant on peut à la rigueur tirer de ce fouillis une traduction assez fidèle de *la Femme noyée*. Cette fable fait partie du recueil intitulé *uno Bourbouyado*, et est signée : *Un Amatur dou beü sexo* (D. C.)

(1) *Li Pénjo-col* (les figues), poésies patoises, par L. Roumieux, de Nîmes. — *Mariano la despichouso*. — *Lou Gnafre et soun Vésin*. — *L'Escarpo et si Picho* (fablo). — *Quand on és dous,...* (cansounéto). — *L'Ase mor* (élégio). — Nîmes, Manlius Salles, 1855, in-12 de 24 pages.
Uno Bourbouyado (œufs brouillés), poésio diverso per quaouqué sièche, fablo dé La Fontaino, Florian, etc.; traduciouns et imitatiouns en patois. — Prèmieiro livrésoun : *Lou Lou e l'Agnel*. — *L'Apendrissage dou jouine Lioun*. — *L'Immourtèlo e la Roso*. — *Lou Rachalan soulda e lou Rachalan amourous*. — *Uno Déclaratioun dé racho*. — *La Toro e lou Magnan*. — *Lou Ra e l'Huitro*. — *La Galino is iooü d'or*. — *La Fenno négado*. — Paris, Micheou Levy; Nîme, enco dé Manlius Salles, 1856, in-12 de 24 pages.
Li Bouloun dé guèto, poésies patoises, par A. Bigot. — Fables imitées de La Fontaine : *Iou Racho, soun Garçoun et l'Ase*. — *Lou Rinar et lou Croupatas*. — *La Cigalo et la Fournigo*. — *Lou Lou et l'Agnel*. — Deuxième édition. — Nîmes, Manlius Salles, 1859, in-12 de 24 pages.

LA FENNO NÉGADO.

Sici pa d'aqueli que disoun : Acò 's parèu,
    Es uno fenno que patouyo.
Dise qu'es fosso, yeou : li fenno vôloun ben
Per lou men un regrè, car sici coumo Grigouyo.
Ici ce que vou dise es for ben à prepaou ;
    Car s'agis dinc aquesto fablo
    D'un grel d'aquel pouli bestiaou
Qu'avié fa din lou Vistre uno fin déplorablo.
    L'ome n'en cercavo lou cor,
    E coumo un bajanel plouravo,
    Se despitavo sus soun sor,
    E coumo un animaou cridavo.
    Se rencountrè que su lou bor
    Dou Vistre outur de sa disgraço
    Se proumenavo de gen
    Qu'ignouràvoun l'acciden.
    Lis abordo en ye demanden
Se dou cor de sa fenno au paca vis de traço.
— Pagen, un ye respon ; mais cercas-la pu bas,
    Suivissès toujour la riviero.
— Un aoutre ye diguè : Mais noun ! la manquarias :
    Li fenno soun tan reboussiero
Qu'a revira camin ; vejaqui moun avis.
    Beu que la pento sièje forto,
    Es ben poussible que, soudis,
    Ague camina de la sorto.
— La farço, aquel moumen, èro pa de sesoun.
    Quant à l'humou countradisento,
    Me semblo qu'avié ben resoun.
    Mais, qu'aquelo humou sièje ou noun,
    Lou defaou dou sexe e sa pento :
    Segur quaou end'elo neitra,
    San faouto end'elo mourira,
    E jusqu'ou bou countredira,
    E mémo après estre enterra.

Je ne suis pas de ceux qui disent : Ce n'est rien ; c'est une femme qui barbotte. Je dis que c'est faux, moi : les femmes valent bien pour le moins un regret ; car je suis comme Grigouille. Ici ce que je vous dis est fort à propos ; car il s'agit dans cette fable d'une *tête* de ce joli bétail qui avait fait dans le Vistre (1) une fin déplorable. L'homme cherchait le corps, et pleurait comme un imbécile, se désolait sur son sort, et criait comme

(1) Rivière qui passe tout près de Nîmes.

une bête. Il se trouva que, sur le bord du Vistre auteur de sa disgrâce, des gens se promenaient, ignorant l'accident. Il les aborde en leur demandant si du corps de sa femme ils n'ont pas vu de traces. — Non, lui répond l'un ; mais cherchez-le plus bas; suivez le cours de la rivière. — Un autre lui dit : Mais non ! vous la manqueriez ; les femmes sont si contredisantes qu'elle a rebroussé chemin. Voilà mon avis. Bien que le courant soit fort, il est bien possible que, comme je vous le dis, elle ait cheminé de la sorte. — La plaisanterie, dans ce moment, n'était pas de saison. Quant à l'humeur de contradiction, il me semble qu'il (le plaisant) avait bien raison. Mais, que cette humeur soit ou non le défaut du sexe et sa pente, bien sûr quiconque naîtra avec elle sans faute avec elle mourra, et contredira jusqu'au bout, et même après être enterré.

On peut encore reproduire quelques lignes de *Mariano la despichouso*. Marianne la dédaigneuse, c'est *la Fille* dont La Fontaine a raconté l'histoire. Après une entrée en matière et des développements qui n'ont pas moins de soixante vers, le conteur languedocien a la bonne idée de suivre de loin son modèle :

> .... lis annado
> Filavoun, filavoun toujour ;
> Et Mariano, desboubinado,
> Vésié qué d'un à l'aoutre jour
> Sa babino èro pu plissado !...
> Agué beou sé fréta d'òli, dé tripouli,
> Per nétéja soun moure, et lou faïre lusi :
> Dou maï én maï ségué frounzido !
> Uno murayo desmoulido
> S'arenjo end' un paou dé mourtié ;
> Mais, quan s'agis dé la frimousso,
> La cirarias coumo un souyé,
> N'én farias pa qu'uno simousso !

Les années *filaient, filaient* toujours; et Marianne, dévidant sa bobine (vieillissant), voyait sa figure se rider de jour en jour davantage. Elle eut beau se frotter d'huile, de tripoli pour nettoyer son visage et le faire luire, de plus en plus elle fut plissée. Une muraille démolie se relève avec un peu de mortier; mais, quand il s'agit de la peau, vous la cireriez comme un soulier, vous n'en feriez jamais qu'une guenille.

C'est à peu près tout ce qu'on peut citer.

V.

FABULISTES PROVENÇAUX.

Sollicités par l'action fécondante d'un chaud climat et la vue d'un beau ciel, animés de cet amour expansif de la patrie qui fait sourire les Français du nord, et fidèles aux traditions du moyen-âge, les poètes provençaux ont, aujourd'hui surtout, l'entraînement et la verve des troubadours. Grâce à l'habile direction de ses chefs, la nouvelle littérature forme sa langue, épure son goût, et sait se maintenir dans la voie de la décence et de la morale. C'est véritablement une renaissance poétique. Mais il ne faudrait pas croire que le mouvement littéraire se soit complètement arrêté depuis les troubadours jusqu'à notre époque. Pour ne parler que de ce siècle, avant Roumanille, Aubanel et Mistral, la Provence avait produit des écrivains de mérite, entre autres les conteurs-fabulistes Morel, Diouloufet et d'Astros.

Partis de Nîmes, et continuant notre marche vers l'est, nous arrivons à la capitale de l'ancien Comtat Venaissin. C'est là que Pétrarque s'essaya à la poésie dans la douce et amoureuse langue romane; c'est là que, de nos jours, se centralisent de préférence les diverses productions poétiques. Avignon fut le berceau de Pétrarque: c'est aujourd'hui le théâtre de Roumanille. Mais ce dernier considéré comme fabuliste sera apprécié à son rang. La priorité appartient à Hyacinthe Morel.

HYACINTHE MOREL. — Hyacinthe Morel, qui fut professeur de rhétorique au collége royal Bourbon à Aix, et ensuite au lycée d'Avignon, était né, en 1759, dans cette dernière ville, où il mourut le 1ᵉʳ août 1829. Il se rendit recommandable par un grand nombre d'ouvrages, dont le dernier, *lou Galoubé* (1), « est tout à la fois, dit la *Biographie Michaud*, son testament littéraire et un dernier hommage à sa langue maternelle ».

Le Discours préliminaire placé en tête du volume contient sur l'origine de nos patois méridionaux d'excellentes idées em-

---

(1) *Lou Galoubé* dé Jacinton Morel, ou Pouésious prouvençalous d'aquel outour, réculidous per seis amis. — En Avignoun, dé l'imprimayé dé Bonnet fils, 1828, in-12.

pruntées à une Dissertation de M. Jules Pierrot. Mais, comme nous n'avons à nous inquiéter que du mérite littéraire des fables d'Hyacinthe Morel, ne cherchons dans ce discours que ce qui pourra nous aider à définir la manière de notre poète. Ses amis, qui, de son vivant, se sont constitués ses éditeurs, prennent soin de nous prévenir « que l'auteur a imaginé le sujet de plusieurs de ses fables, mais qu'il en a emprunté le plus grand nombre à Desbillons, à La Mothe, à Pesselier, à Bérenger, à Creusé de Lesser, à Stassart, à Jauffret ». Je suis étonné de ne pas voir figurer ici le nom de Lessing, auquel appartiennent certains apologues du recueil (1). On voit que le Provençal a su faire son profit de cette réflexion critique qui termine une des plus jolies fables de Lessing, intitulée *la Poule aveugle* : « Le laborieux Allemand compose les recueils dont profite le Français ingénieux ».

Mais ne lui reprochons pas trop d'avoir traité Lessing en Allemand ; excusons même, sous le rapport du langage, les nombreux larcins qu'il a faits aux dialectes de Montpellier et de Marseille, et contentons-nous de n'accepter que sous bénéfice d'inventaire les éloges que lui donne son biographe. « Toutes les productions de Morel, dit M. H. Audiffret, se distinguent en général par la solidité du raisonnement, par l'aisance, la clarté, le naturel et la grâce ».

Admettons l'aisance, le naturel et la grâce, et que la concession ne nous coûte pas plus que les éloges n'ont coûté au biographe. Mais soyons un peu plus difficile pour le reste. Examinons :

LE SAULE ET LE BUISSON.

Mais dis-moi donc, demandait le saule au buisson, d'où vient que tu es si avide des habits du passant ? Qu'en veux-tu faire ? A quoi peuvent-ils te servir ? — A rien, dit le buisson. Je ne veux pas non plus les lui prendre ; je veux seulement les lui déchirer. (LESSING, II, trad. de Bouteville.)

C'est tout : pas même de morale. Lessing jette aux commentateurs un simple fait : que chacun en tire les réflexions philosophiques qui seront à sa convenance. Le champ est ouvert à

(1) V. *lou Chaîné et lou Porc ; lou Saùzé et lou Bouissoun ; Herculeu din lou ciel.*

l'imagination. Je vois tout un poème dans la question naïve du saule et dans la réponse plus naïve encore du buisson. Ne dissipez pas ces nuages allemands, derrière lesquels je pouvais rêver tant de choses! Mais le commentateur provençal ne l'entend pas ainsi : il m'explique tout, et prend même la peine de faire ressortir la moralité de l'apologue. Il veut être clair. La fable de Lessing était une goutte de liqueur : Morel l'*éclaircit* — en y versant de l'eau.

LOU SAOUZÉ ET LOU BOUISSOUN.

Un saouzé qu'habitave en façou d'un bouissoun
 Yé parlé d'aquestou façoun :
  Vos dounc vicouré qué dé rapinou?
 Arrapés toujou leis habi
Dei gen maou avisa qu'approchoun teis espinou ;
Aqucou mouyen es vil, dcouriés te l'énhébi.
— Dei passan m'inchoou pas dé prendre l'habiagé,
Respondé lou bouisson amé l'air d'un sanfla :
  Mé countenté dé l'estrassa.

Imagé dou michan, qu'on vei toujou sé tordré
Per lou plési cruel et dé pougné et dé mordré.
 Ycou pensé qué dé talei gen
 Dou tigré soun proché paren.
      (Fable VIII.)

Un saule *qui habitait en face d'un buisson* lui parla de cette façon : *« Tu ne veux donc vivre que de rapine ? Tu accroches toujours les habits des gens mal avisés qui s'approchent de tes épines ; ce procédé est vil, tu devrais te le défendre.* — Je m'inquiète fort peu de voler les vêtements du passant, répondit le buisson *avec l'air d'un sans-cœur :* je me contente de les déchirer. — Image du méchant, qu'on voit toujours se tordre pour le plaisir cruel de piquer et de mordre. Je pense que de telles gens du tigre sont proches parents.

Voilà qui est clair au moins, et surtout profondément raisonné. Que pensez-vous de ce saule sermonnant le buisson? Moi, je suis loin de voir là cette solidité de raisonnement dont on fait honneur à Morel, et à ce propos je tombe dans mon inévitable redite relativement à la maladresse des imitateurs méridionaux. Ce n'est jamais sans raison que La Fontaine modifie les œuvres de ses prédécesseurs : son but moral est trop souvent contestable; mais, pour atteindre ce but, tout, soit dans la peinture des caractères, soit dans le récit, soit dans le dialogue, est combiné, ajusté avec une précision admirable. Ne touchant aux fabulistes anciens que pour les perfectionner, il nous a laissé des œuvres achevées et si parfaites qu'il nous est impossible d'y porter la main sans en compromettre l'harmonie. Prenons par exemple la fable *le Cheval s'étant voulu venger du Cerf*, dont nous retrouvons l'idée première dans Horace et dans Phèdre. Le poète satirique (1) raconte comment le cheval, vaincu dans un grand combat, alla implorer le secours de l'homme, et termine par cette leçon : « Celui qui, craignant la pauvreté, sacrifie sa liberté plus précieuse que l'or, rampe sous son maître, et sera toujours esclave ». Phèdre (2) nous représente le cheval voulant se venger du sanglier, qui se vautre dans l'eau où il a l'habitude de boire. Il y a déjà progrès : ce n'est plus dans Phèdre le faible implorant le secours du fort, mais l'égal cédant aux conseils d'une mesquine vengeance. Chez La Fontaine, le tort frivole fait au cheval n'existe même plus : l'amour-propre seul est en jeu. Le cheval d'Horace est plus à plaindre qu'à blâmer. Phèdre en avait fait un étourdi ; La Fontaine en fait un orgueilleux et un étourdi tout à la fois. Lequel de ces trois modèles pensez-vous qu'ait suivi l'imitateur provençal ? Celui laissé par Horace :

LOU CERF ET LOU CHIVAOU.

Un cerf vieou coumé l'ambré, et pourten ben soun boï,
Et qué ségur n'érou pas goï,
Broutavou l'herbou délicatou
Journélamen à cousta d'un chivaou :
Or aqueou cerf érou un aristocratou
Qué souffrissié gis dé rivaou.
Per desmama lou sicou, yé fasié cent chicanou,
Fourtifien soun dré dé quaouquei co de banou.
Lou coumbat n'érou pas égaou ;
Et nosté Bucéphalo érou gaïré dé tayou
A pousqué contre un cerf tira la courtou payou.
Doune, ou maou voulen coupa court,
Au lio d'ana cerqua pu yeun dé pasturagé,
S'en vaï, et creï d'estré ben sagé,
Dé l'homé imploura lou secours.
Aqués l'engavaché d'ou bâts et dé la bridou ;

(1) *Épîtres*, I, 10.
(2) *Fab.* IV, 4.

Amé l'ajudou d'aqueou guidou,
Agué leou tout acapara ;
Mais sé cassé lou cerf dòu pra,
Pousqué plus débòussa l'homé de soun esquinou.

Eici nostou mourale eisamen sé dévinou.
Aqueou qué dédégnen sa médiocrita,
Ou voulen satisfairé unou hainou malinou,
D'un grand-signour vaï s'afilata,
Perd lou pu beou présen de la bounta divinou,
Car rénounce à sa liberta.

(Fable XXIV.)

Un cerf *vif comme l'ambre*, et portant bien son bois, et qui bien sûr n'était pas boiteux, broutait l'herbe délicate journellement à côté d'un cheval. Or ce cerf était un aristocrate qui ne souffrait pas de rival : pour affamer le sien, il lui faisait cent chicanes, fortifiant son droit de quelque coup de corne. Le combat n'était pas égal, et notre Bucéphale n'était guère de taille à pouvoir contre un cerf tirer la courte paille. Donc, au mal voulant couper court, au lieu d'aller chercher plus loin un pâturage, il part, et croit qu'il est bien sage d'implorer le secours de l'homme. Celui-ci l'emprisonne dans le bât et la bride. Avec l'aide de ce guide, il (le cheval) eut bien vite tout accaparé ; mais, s'il chassa le cerf du pré, il ne put chasser l'homme de son échine.

Ici notre morale aisément se devine : celui qui, dédaignant sa médiocrité, ou voulant satisfaire une haine maligne, d'un grand-seigneur veut s'approcher en rampant, perd le plus beau présent de la bonté divine, car il renonce à sa liberté.

Non, cette morale ne se devine pas aussi aisément que veut bien le dire l'imitateur d'Horace. Il y a autre chose que de la *médiocrité* et de la *haine maligne* chez ce pauvre cheval couvert de blessures, et implorant le secours de l'homme. L'ironique et sceptique Champenois, qui d'ordinaire fait si bon marché de la faiblesse, a été cette fois plus moral que le fabuliste provençal.

Après les spécimens du dialecte avignonnais que je viens de donner, je me contenterai d'indiquer une assez mauvaise imitation du *Rat de ville*, qu'un maître de pension d'Avignon, nommé A. Dupuy, a fait insérer dans le *Bouil-Abaïsso*, nº du 6 mai 1842.

ROUMANILLE. — Mais, avant de quitter le Comtat, nous entrerons, rue Saint-Agricol, dans le magasin du libraire-poète Roumanille, et nous prendrons un recueil de ses opuscules, qu'il a édité en 1859 sous le titre de *lis Oubreto*.

Le poëte nous conduira tout d'abord à Saint-Remy, « petite ville située au pied des Alpines, au fond de cette magnifique vallée qui montre fièrement vers le nord Avignon et son château des papes; vers le midi, les tours sarrasines des arènes d'Arles (1) ». C'est là, dans un jardin, qu'il est né, comme il le dit lui-même, d'un jardinier et d'une jardinière, le 8 août 1818. L'article de M. Saint-René-Taillandier cité en note rapporte l'histoire de sa vocation poétique et de ses progrès; on y trouvera surtout une appréciation éclairée de ses œuvres : « Le caractère de M. Roumanille, dit-il, c'est la grâce, l'élévation morale, et, en même temps, la verve joyeuse et rustique ». Oui, mais cette rusticité est toujours délicate et pudique : c'est le bon gros rire de la famille, faisant rougir les jeunes fronts de plaisir, et jamais de honte. Comment se fait-il donc que Joseph Roumanille, le poëte sentimental et moralisateur par excellence, ait eu l'idée de donner le costume arlésien à certains personnages du sarcastique La Fontaine? Il aura sans doute été séduit par l'air de naïveté du conteur; mais, pour traduire, il a fait son choix, et, sauf la fable *le Loup et l'Agneau*, on peut dire que toutes les imitations du fabuliste provençal respirent une pure morale. Que ne puis-je reproduire les dix fables éparpillées dans *lis Oubreto* (2)? Je mettrais en tête celle des *deux Pigeons*, qui me semble la plus appropriée aux mœurs et au génie de Roumanille. Malheureusement ce long poëme me fait peur : obligé de me restreindre, je ne puis en donner que des extraits. Voici d'abord le discours du pigeon casanier. On pourra comparer l'imitation provençale avec l'imitation languedocienne de Galtier. Dans ce passage, Roumanille s'est principalement attaché à exagérer le désordre d'idées qui se trouve dans le poëte français :

(1) SAINT-RENÉ-TAILLANDIER, *Revue des Deux Mondes*, 15 octobre 1859 : *La nouvelle poésie provençale*.

(2) Voici les titres de ces dix fables : *la Despichouso*; *lou Loup et l'Agnéu*; *li dous Pijoun*; *li Bardouio* (*les Femmes et le Secret*); *lou Chaine é lou Canéu*; *Maniclo* (*le Savetier et le Financier*); *lou Mounier, soun fiéu é l'Ase*; *li Reinard é lou Felibrige*; *Misè Moustelo* (*Mllᵉ Belette*, imitation de la fable *le Serpent et la Lime*); *l'Entarro-Mort* (imitation de la fable *l'Avare qui a perdu son trésor*).

....
Que me cantes aqui? le sonjes pas, moun fraire!
Que catàrrei t'a pres? Quau diantre t'a 'stourdi?
E perqué vos mena la vido d'un bandit?
  Margarido nous dis : Mignoto!
Regardo : que nous manco? Aigo fresco, pesoto,
  Galant panié pèr nous coucha....
Rèn nous manco. Auriés-ti quaucarèn à me diré,
  Quaucarèn à me reproucha?
Moun bon, moun rèi, moun sang, perdoun se t'ai facha!
N'i'en a que quand soun lluen soufrisson lou martire :
Sara pas tu, michant! Passo enca' se lou tèms
Èro beu! Anen, va! espèro lou printèms.
Fau èstre un gargamèu pèr anà faire un viage
   Emé la caud que fai !
   Que te dirai ?
   As de courage!
Adès sus uno pibo ai vist un corpatas ;
  Croa! croa! l'entènde encaro!
Acò marco de mort, ah ! segur.... Paro! garo!
  Aviso-te di serpatas
  Que badon souto li bertas!
E quand sarai soulet, que farai-ièu, pecaire!
De làngui plourarai; dirai : Es nivo, plòu ;
  Moun fraire a-ti tout ce que vòu ?
Ès beléu mort dedins lou carnié d'un cassaire !

Que me chantes-tu là? tu n'y songes pas, mon frère. Quel catarrhe t'a pris? Qui diantre t'a étourdi? Et pourquoi veux-tu mener la vie d'un bandit? Marguerite nous appelle mignons! Regarde, que nous manque-t-il? Eau fraiche, gesce, joli panier pour nous coucher, rien ne nous manque. Aurais-tu quelque chose à me dire, quelque chose à me reprocher? Mon bon, mon roi, mon sang, pardon si je t'ai fâché! Il y en a qui, lorsqu'ils sont au loin, souffrent le martyre : ce ne sera pas toi, méchant! Passe encore si le temps était beau! Allons, va! attends le printemps. Il faut être idiot pour se mettre en voyage avec la chaleur qu'il fait. Que te dirai-je? tu as du courage! Tantôt sur un peuplier j'ai vu un corbeau : croa! croa! je l'entends encore. C'est signe de mort! ah! bien sûr!... Gare! gare! défie-toi des gros serpents qui guettent sous l'herbe! Et, quand je serai soulet, que ferai-je, hélas! De languir je pleurerai; je dirai : Le temps est couvert; il pleut; mon frère a-t-il tout ce qu'il veut? Il est peut-être mort dans la carnassière d'un chasseur.

Peine perdue! les conseils, les prières de l'amitié, ne peuvent rien sur l'écervelé : il lui faut la leçon du malheur. La leçon ne se fait pas attendre : un orage survient, et quel orage! Où La

Fontaine n'a dit qu'un mot, Roumanille va faire une description : les images, les comparaisons, les exclamations vont se presser dans le récit. La paraphrase tiendra plus du poème épique que de la fable :

        Oh ! mai, veici que tout d'un cop
Lou cèu s'ennevoulis e l'aigo toumbo à bro.
        Maire de Diéu ! quento tempèsto !
        Eh bèn ! mounte fau s'assousta ?
Li tron peton pèr l'èr, li vènt soun en batèsto.
Vaqui su'n amourié lou pijoun recata.
Lou revoulun di vènt lou brèsso sus la branco.
        Jouïssié pas, lou pijounèu !
Escoundeguè soun coui souto soun alo blanco,
E coume un anedoun se coulantè lou pèu.
        Basto ! la chavano esvartado,
Espooussè lèu soun alo i raioun doou soulèu,
           E lèu
        Prenguè mai la voulado....
        E zoou ! volo que voularas !
        Barrulo que barrularas !

Oh ! mais voici que tout à coup le ciel se couvre de nuages, et l'eau tombe à verse. Mère de Dieu, quelle tempête ! Eh bien ! où faut-il s'abriter ? La foudre craque dans l'air ; les vents se font la guerre. Voici le pigeon retiré sur un mûrier. Les vents en révolution le bercent sur la branche. Il n'était pas à l'aise le pigeonneau ! Il cacha son cou sous son aile blanche, et, comme un caneton, se colla les plumes sur la peau. Bast ! la bourrasque dissipée, vite il secoua son aile aux rayons du soleil, et vite il reprit sa volée. Allons ! vole, voleras-tu, *roule, rouleras-tu* !

Roumanille excelle dans ce genre de descriptions, car il a étudié à fond la nature. Voulez-vous un autre exemple : lisez *lou Chaine et lou Canèu*. Cette imitation est, comparativement à quelques autres du même auteur, assez courte pour trouver ici sa place. Vous verrez avec quel art l'imitateur a su changer le caractère de ses personnages en les transportant sur une autre scène :

        LOU CHAINE E LOU CANÈU.

    Lou chaine un jour dis au canèu :
De toun sort malurous as pas tort de te plagne ;
La petouso te peso e te met de cantèu,
    E l'a rèn que noun te magagne !

Lou mendre ventoulet que vèn frounci lou riéu
Te forço de clina la tèsto.
O moun pauré canèu, me fas pieta ! Mai iéu,
Boufo, boufo, mistrau ! que m'enchau la tempèsto ?
Tout es auro pèr tu, iéu tout m'èi ventoulet.
Siéu rèi, e d'amoundaut vese à mi pèd li moure.
Pèr n'atrouva 'n pu fort que iéu faudrié courre !
    Au liogo de naisse soulet,
Mounte doou vent-terrau se desgounflo la rage,
S'aviés agu lou biais de sourti contro iéu,
    A la calo de mi brancage,
Quand s'ausirien rounfla lis alo de l'auragé,
    Paure mesquin, t'assoustariéu !
De toun sort malurous as pas tort de te plagne !
— Sias trop bon, gramaci ! repliquè lou canèu ;
Vous esmoougués pas tant : li revoulun, belèu,
Me fan pas tant qu'à vous, Moussu ! Se plòu, me bagne,
E me gible quand fai de vent ;
Cline, e me roumpe pas ! Pèr vous, avès jusqu'aro
Tengu bon. Esperas, quaucarèn se preparo :
Bessai que moularés.... Ai ! veleici qué vèn !
E d'apereilalin part, à brido abatudo,
    Un aurige di verinous.
Garo, garo davans ! n'en vai faire de rudo !
E bramo, e chaplo, espòusso, emporto, furious !
L'aubre coto, tèn bon ; e, coume uno amarino
    Se giblo lou canèu ;
Li diable soun pèr l'èr, e que i'enchau à-n-éu ?
    Lou roure sangagna cracino.
A soun front dins li nivo e dins l'infer si pèd :
E que ie fai ? Contro éu l'aurige s'entarino....
E bròu ! l'aubras qu'avie tant de croio e de bè,
    Lou revoulun lou derrabé !

Le chêne un jour dit au roseau : De ton sort malheureux tu n'as pas tort de te plaindre : le grimpereau te pèse et te fait plier, et il n'y a rien qui ne te blesse ! le moindre petit vent qui vient rider le ruisseau te force à courber la tête. Oh ! mon pauvre roseau, tu me fais pitié. Mais moi, souffle, souffle, mistral ! que me fait la tempête ? Tout est aquilon pour toi ; moi, tout m'est zéphyr. Je suis roi, et, de mon haut, je vois à mes pieds les rochers. Pour en trouver un plus fort que moi, combien il faudrait courir ! Au lieu de naître seulet, là où s'exhale la rage du vent de terre, si tu avais eu l'esprit de naître contre moi, à l'abri de mon feuillage ! Quand on entendrait gronder les ailes de l'orage, pauvre petit, je te défendrais ! De ton sort malheureux tu n'as pas tort de te plaindre ! — Vous êtes trop bon, grand-merci, répliqua le roseau : n'ayez pas tant de compassion. Les tourbillons me font peut-être moins qu'à vous, Monsieur ! S'il pleut, je me baigne, et je fléchis quand il fait du vent. Je plie et ne romps pas! Pour vous, vous avez tenu bon jusqu'à présent. Attendons : quelque chose se prépare : peut-être que vous faiblirez..... Ah! voici qui nous arrive! — Et de là-bas part, à bride abattue, un orage des plus mutins. Gare! gare de devant! Il va en faire de rudes! Il sifle, il brise, il secoue, il enlève tout, furieux. L'arbre, frappé, tient bon, et le roseau se dérobe comme un brin d'osier. Les diables sont dans l'air. Et que lui fait cela? Le chêne, secoué, craque. Il a son front dans les nuages et ses pieds dans l'enfer. Et que lui fait cela? Contre lui l'orage se butte. Et crac! le grand arbre qui avait tant de confiance et de force, l'ouragan le déracina.

Diouloufet (1). — Si Roumanille me représente un peu, surtout quant à l'expression, le romantisme appliqué à la fable, Diouloufet me paraît plus particulièrement appartenir à l'école classique. Les deux fabulistes ont au reste plusieurs points de ressemblance : d'abord ils sont tous les deux verbeux : autrement ils ne seraient pas Provençaux. Ils sont ensuite l'un et l'autre essentiellement rustiques et réalistes. A force d'observation, ils se sont identifiés complètement avec le paysan. Mœurs, usages, intérêts, passions, sentiments, idées, expressions, tout ce qui constitue la vie du village leur est familier. Ils possèdent la science et l'instrument; mais ils diffèrent dans la mise en œuvre des matériaux. Roumanille est plus jeune que Diouloufet; il suit ses inspirations parfois avec trop de chaleur; il ne contrôle peut-être pas assez les idées que lui fournit sa riche imagination; mais il reproduit les scènes villageoises avec une grande vigueur de touche et une vivacité de coloris qui ne choque pas trop l'œil. Diouloufet au contraire est de la vieille école, Il n'est

(1) Joseph-Marius Diouloufet naquit vers 1785 à Eguilles, petit village à quelque distance d'Aix. Malgré la position peu fortunée de sa famille, il fit d'assez bonnes études, se consacra à la littérature, et devint d'abord bibliothécaire-adjoint et puis bibliothécaire en chef de la ville d'Aix. Il mourut à Cucurron (Vaucluse) le 21 mai 1840. (V. le discours prononcé par M. Rochon à la séance annuelle de l'Académie d'Aix, année 1840, p. 88.) Diouloufet s'était adonné à l'étude de la langue et de la littérature des troubadours. Il a laissé plusieurs petits poëmes en vers provençaux et un poëme didactique en quatre chants, intitulé : *Leis Magnans* (*les Vers à soie*). Le recueil, assez rare, qui contient un petit nombre de fables imitées de La Fontaine, porte pour titre : « *Fablos, contos, epitros et autros pouesios prouvençalos*. — A-z-Ai, cheo de H. Gaudibert, 1829, in-8° », avec l'épigraphe :

Sur des sujets nouveaux faisons des vers antiques.

(A. Crousillat.)

pas aussi hardi que Roumanille, et se défie de son imagination : sa poésie est plus calme, plus régulière ; son expression, plus mesurée ; son récit, moins chargé d'exclamations ; son rhythme, généralement moins capricieux. Quoique, à l'imitation de son maître La Fontaine, il sache tirer bon parti des rejets, des hémistiches et des petits vers, on voit que l'alexandrin est son favori. Ces descriptions splendides dans lesquelles se complaît Roumanille ne sont pas son fait : il préfère les énumérations accompagnées de traits naïfs, et il n'emploie jamais ces répétitions, ces espèces de refrains qui se rencontrent si souvent dans les œuvres du poète arlésien ; enfin, pour me servir d'une expression qu'il emprunte lui-même à André Chénier, « il veut faire des vers antiques ».

Comme pièce à l'apui de ce parallèle, j'indiquerai principalement l'imitation que les deux poètes ont faite de la fable de La Fontaine intitulée *la Fille*. Roumanille trouve le comique dans le récit des distractions de la jeune Arlésienne :

Écoutez, que je vous parle. Une jeune fille, Nanette, glorieuse comme je ne saurais dire, très-frivole et gentillette, voulait plaire. Elle s'ennuyait d'être seulette. Allons! me comprenez-vous ? Elle voulait se marier, mais avec un garçon d'esprit, riche, de jolie figure, un jeune homme fait au tour, un soleil, un amour, une perle de nature. Et, remarquez bien ceci, la friponne voulait qu'il eût beaucoup d'amour et peu de jalousie. Elle n'était pas si sotte pour cela ; mais le plus difficile était de le trouver. Notre belle attendait, et... va! rêve! Elle rêvassait la petite! souvent dans son lit elle ne pouvait fermer l'œil, elle se tournait et se retournait toute la nuit. Et puis, si elle dévidait du fil, elle embrouillait son écheveau ; quand elle cousait, elle se piquait les doigts ; pour descendre à la cave, elle montait au grenier! puis elle allait à la fontaine afin de remplir sa cruchette, et sans eau revenait au logis. Pauvrette! souvent elle oubliait de saler la soupe. Elle rêvassait, la petite!

LA DESPICHOUSO.

Escoutas, que vous parle ; uno chato, Naneto,
Glouiouso quenounsai, forço cascareleto,
Mai poulideto,
Vouli' agrada ;
S'embestiavo d'èstre souleto ;
Anen ! me coumprenès, voulié se marida ;
Mai emé 'n drole pas sada,
Emé 'n riche garçoun, de galanto figuro,
Un juvenome fach au tour,

Un soulèu, un amour,
   Un perlet de naturo !
E, marcas bèn eiçò : la couquino voulié
Qu'aguèsso forço ardour, et ges de jalousié :
   N'èro pas pèr acò tant soto !
Mai lou pu defecile èro de l'atrouva.
Nosto bello esperavo, é,... vague de reva !
   Revassejavo, la pichoto !
Souvènt dins si lançòu poudié pas plega l'iue,
   Viroulavo touto la niue ;
E pièi se debanavo, embouiavo so floto ;
   Quand courduravo, se pougnié ;
Pèr descèndre à la cavo, escalavo au granié !
Pièi anavo à la font pèr empli sa dourgueto,
   E revenié sènso aigo à soun oustau.....
      Paureto !
Fosié mai que d'un cop la soupo sènso sau :
   Revassejavo, la pichoto !...

Long-temps avant Roumanille, Diouloufet, s'essayant sur la pure esquisse tracée par La Fontaine, l'avait envisagée sous un autre point de vue. Villageois avant tout, il s'était appliqué de préférence à mettre en saillie le côté prosaïque, positif du sujet. L'héroïne de La Fontaine est précieuse, mais non intéressée : c'est une demoiselle de bonne maison, enfant gâtée ne connaissant rien des misères de la vie, et n'ayant jamais songé sérieusement aux avantages de la fortune : aussi que demande-t-elle en premier lieu au mari de son choix ? Qu'il soit jeune, qu'il soit beau, qu'il ait de bonnes manières. Le reste n'est qu'accessoire, y compris « le comptant ». Diouloufet au contraire nous place au milieu d'un autre monde. Sa précieuse, à lui, nous l'avons tous connue : c'était une artisane possédée du désir de faire la dame, mais pauvre et journellement aux prises avec la triste réalité. On disait dans le quartier qu'elle prenait des gants pour faire son petit ménage ; mais, en fin de compte, elle était toujours obligée de mettre la main à l'œuvre. Elle connaissait donc tout le prix de la richesse, et son biographe s'étend avec complaisance sur cet objet principal de ses pensées. Elle était femme à passer légèrement sur les dons de l'esprit ; elle n'eût même pas regardé si les lignes du nez étaient correctes ; mais, ayant ces goûts, elle ne pouvait être heureuse avec le garçon serrurier, le garçon menuisier, le tailleur, le tisserand, le cordonnier, desquels elle se moquait si malicieusement. Qu'est-il arrivé ? Rien. Elle a laisse ses amies se marier. L'une a épousé le malôtru de La Fontaine; l'autre, le bossu de Roumanille. Elle a mieux aimé rester fille, et elle attend encore. Le trait final manque dans cette histoire; mais elle n'en est pas moins vraie.

LA FILHO TROP DALICATO.

Uno pichouno artisanotto,
Lou nas au vent, et proun farotto,
Aurié vougut troubar lou siou,
Voueli dire un poulit et jouine calegnaïre,
Qu'aguesso, en l'espousant, agut de que li faïre
Casaquin d'hiver et d'estiou,
Li far quittar pouncho et faudiou,
Et, li fasen cargar leis ribans, la dantello,
La mettre au rang de dameisello.
Avié pas marrit gaubi, ero un pichot mouroun,
Et se cresié encaro plus bello
Que cadun, per l'aver, farié lou cop de poung.
Doou vesin sarrailhier ven lou premier garçoun,
Per la demandar en mariagi.
Ello riguet de soun ooumagi,
Disen que sentié lou carboun,
S'en truffo dins lou vesinagi :
Que vague s'escura, lou beou, auparavant
Eme de bouen lissiou per me touccar la man...
Oh! per aquou... es ben dooumagi,
Se noun ven embrutir ma couiffo et moun visagi.
Lou sarrailhier fouguet dounc empailhat.
Un garçoun menuisier, bravet et reveilhat,
Un matin ven poussar sa botto;
Nouestro pichouno arrougantoto
Se mouco maï d'aqueou galand.
Ah! disié, es pas de seis ribans
Que voueli far moun sarra-testo;
Ce que dich, ce que fach, tout-à-quo es bèn de resto.
Lou menuisier se retiro et fet bèn.
Piey un garçoun tailhur et qu'avié quauquarèn
Et countavo levar boutiguo,
Vouguet li oouffrir soun couer et soun encèn.
Aques li fa maï l'enterigo,
Ello esperavo fouesso miés.
La fremo d'un tailhur !... semblo pas ques damado ?
Vai te farai pas mau au piés;
Ai proun leze, siou pas pressado.
Cresi que nouestro mijourado

Aurié vougut, en veritat,
Un estudiant de l'universitat.
Bessai qu'adounc se sarié decidado,
Après venguet un teisseran.
Puaï !.... li diguet, levo-te de davant,
Empestes lou cadaï.... Et fasié soun enviado.
Après lou teisseran venguet un courdounier :
— Vaï t'en trepougne toun soulier,
Marrit pegot ! li dich, as lou couragi
De me demandar en mariagi ?...
Vaï espousar la fillo d'un groulier,
Et sarés doou méme mestier.
A forço de far la sucrado,
Se passo maï que d'uno annado
Que res venguet plus à l'oustau.
Seis amigos se marideroun,
Pas tant délicatos fougueroun ;
Caduno devinet pas mau.
Per vouilher tant chausir, nouestro dalicatouno,
Et dire : Voueli aques, et voueli pas aqueou,
Lou temp, que toujours courre et que paupo persouno,
Li empourtet sa beautat et ses rouïtos percou.
Tout lou millhour partet, restet plus que la taro ;
A la fin se languit, espero lou mouccou,
Mais disoun que l'espero encaro :
Entre chausir et pas chausir,
Fillio resto de se chabir.

Une petite artisannette, le nez au vent et faisant son importante, aurait voulu *trouver le sien*, je veux dire un gentil et jeune galant qui eût, en l'épousant, porté de quoi lui faire casaquin d'hiver et d'été; lui faire quitter pointe et tablier; la charger de rubans et de dentelles, et la mettre au rang de demoiselle. Elle n'avait pas mauvaise mine. C'était un (assez joli) petit minois, et elle se croyait assez belle pour que chacun fit le coup de poing afin de la posséder. Le premier garçon du serrurier son voisin vint la demander en mariage : elle rit de son hommage, disant qu'il sentait le charbon, et s'en moque dans le voisinage ; Qu'il aille d'abord se laver, le beau, avant de me toucher la main ! Oh ! pour celui-là, c'est bien dommage qu'il ne puisse salir ma coiffe et mon visage. Le serrurier fut donc congédié avec mépris. Un ouvrier menuisier, gentil et éveillé, vient un matin porter la botte. Notre petite arrogante se moque encore plus de ce galant. Ah ! disait-elle, ce n'est pas de ses rubans que je voudrais faire un serre-tête. Tout ce qu'il dit, tout ce qu'il fait, tout cela est bien de reste. Le menuisier se retire, et fait bien. Puis un garçon tailleur, et qui avait quelque chose, et comptait lever boutique, vint lui offrir son cœur et son encens. Ceci l'*agace* encore plus. Elle attendait beaucoup mieux. La femme d'un tailleur ! semble-t-il pas que c'est une dame ? Va ! je ne te ferai pas mal aux pieds. J'ai assez de loisir, je ne suis pas pressée. Je crois que notre mijaurée aurait voulu en vérité un étudiant de l'université. Peut-être qu'alors elle se serait décidée. Puis vint un tisserand. Pouah! lui dit-elle, ôte-toi de là: tu empestes le chas. Et elle faisait l'aimable. Après le tisserand vint un cordonnier. Va-t-en piquer ton soulier, méchant *tire-poix*, lui dit-elle; as-tu le courage de me demander en mariage? Va épouser la fille d'un savetier, et vous serez du même métier. A force de faire la *sucrée*, il se passa plus d'une année sans que rien vînt à la maison. Ses amies se marièrent : elles ne furent pas aussi délicates. Chacune réussit assez bien. Pour vouloir tant choisir, notre délicate, et dire : Je veux ceci, et je ne veux pas cela; le temps, qui court toujours, et n'épargne personne, lui emporta sa beauté et ses fraîches couleurs. Tout le meilleur partit ; il ne resta plus que la tare. Enfin elle languit, attendant *un mari*; et l'on dit qu'elle attend encore. — Entre choisir et ne pas choisir, fille reste sans se lotir.

Ainsi la fable de La Fontaine a complètement disparu : personnages, action, conclusion, tout est changé. La conclusion surtout, voilà où Diouloufet se plaît à redresser les écarts du trop véridique La Fontaine. Son âme honnête ne peut souffrir le triomphe de l'avarice, de l'égoïsme, de l'adulation, de toutes les mauvaises passions humaines. Mais il n'a pas atteint du premier coup ce degré d'audace. Dans le principe, il n'ose porter une main profane sur son modèle. Ce n'est même qu'à son corps défendant que, dans la fable de *la Cigale*, il supplée au silence du fabuliste français, afin que « le petit enfant qui récite tout d'une haleine » ne se méprenne pas sur le but moral de l'historiette. Il faut le voir s'excuser de cette licence dans le préambule de la fable citée. Plus tard il devient plus hardi, c'est-à-dire plus scrupuleux vis-à-vis de lui-même et moins scrupuleux vis-à-vis de La Fontaine : il punit le vice; il récompense la vertu (1), et se montre dans ses écrits ce qu'il est dans la vie privée, l'homme aimable et doué d'un sens droit, dont a fait l'éloge le président de l'Académie d'Aix.

F. RICARD, d'Aix (2). — Ce que Diouloufet n'avait pas osé faire pour la fable de *la Cigale*, un ancien instituteur d'Aix, du nom de Ricard, l'a fait courageusement. Ce n'est pas pour rien qu'il

---

(1) V. comme exemples : *le Renard et le Corbeau*, — *l'Œil du maître*.

(2) M. François Ricard est né à Aix le 21 août 1804. La fable ci-dessus est la seule que l'on connaisse de lui. M. Ricard est auteur d'un roman et d'une pièce de théâtre en français, qui ont eu quelque succès. Que n'écrivait-il toujours en français !

est instituteur : il ne se contente pas de mettre le précepte en tête de la fable : sa petite comédie a deux actes, *partie et revanche*, et devient, sauf les personnages, l'apologue *l'Ane et le Chien*. Cette fable, imprimée dans le *Roumavagi deis troubaïres* (1) est longue et monotone (cent trois vers de huit pieds). Après avoir assaisonné à la provençale l'épisode de *la Cigale et la Fourmi*, l'imitateur devient auteur, afin de réparer l'oubli du bon grand enfant La Fontaine, qui n'était pourtant pas des plus sots :

> Quand escrivét aquélo scèno,
> Lou bouen enfantas Lafountaino,
> Qu'éro pourtant pas deis plus sots,
> Oublidet la fin de l'histoiro
> Mai, couino es pa la mar à boire,
> Voù vous la dire en quatre mots.

Ces *quatre mots* sont quatre douzaines de vers, dans lesquels l'auteur raconte comment la fourmi est punie de sa dureté. On s'étonne de voir le laborieux et économe animal gaspiller son avoir, et se donner une indigestion à force de manger ; on s'étonne non moins de voir la cigale, c'est-à-dire l'artiste par excellence, refuser ses soins à la fourmi ; et l'on se demande pourquoi le moraliste qui tient si fort à donner à chacun selon ses œuvres n'a pas fait un troisième acte pour punir la cruauté de la cigale.

A. G., de Tarascon. — Je ne sais quel est cet auteur : la fable suivante a été insérée dans *la Commune, journal du dimanche*, publié à Avignon (2ᵉ année, 21 avril 1850, n° 55). Est-il besoin de faire observer encore une fois que cette allusion politique est surchargée de développements inutiles ?

LA RATO-PENADO E LA MOUSTELO.

Fablo imitado de La Fontaine.

> Un jour, sabe pas qu'ouro, uno rato-penado
> Din un trau de moustelo intrè desvaryado :
> Fouligaudo ! criguè d'avé trouva'n abri.
> Mai vaqui que subran coumaire moustelete,
> Qu'i gari n'en vouié, tre que vèi la paureto,
> Es lèsto per la devouri.

(1) Aix, 1851, in-12, p. 111.

— As-ti lou frount, ie faï, d'encagna ma coulèro,
Aprè que ti parié m'an fa tres ans la guerro?
Oh! d'aquèu laid animau!!
Car, se siéu pas caludo, as bèn l'air d'estre un gari,
Un d'aquéli voulur que furnon din l'armari,
Que vivon rèn que per lou mau.
Yèu te dise que sies un gari....
An, digo toun *Confiteor*
Se vos pas creba coum'un porc.
— Yéu un gari? troûca de dèn, ma bèlo damo.
Yeu faïre un tau mestié!.... Durbissè vosti-s-iu :
Siéu auceloun, vaqui mi-s-alo.
Reluca bèn quau siéu, m'escalustrarés pu.
Vaqui ce qué diguè nosta rato-penado.
La finocho agué 'qui 'na for bono pensado.
La moustelo la creï e la lèisso parti,
Galoio coum'un san qu'escalo en paradi.
Très jour aprè 'quel escoûfestre,
Mounté manquè trouva la mor,
(Ah! quand sias malerous, es que lou devè-s-éstre!)
Butado per soun mari sor,
Ver uno autro moustelo intré mai.... l'estourdido!
Aquesto i-s-auceloun n'en vòu,
E n'en sagata tan que poou :
Rato-penado es mai en dangé de la vido.
La damo de l'oustau alongo lou musèu,
Vai tatecan soûna l'aucèu.....
Ai! aqués co 's de bon !... Nosta damiseloto
S'oûbouro, e dit : Plan! plan! que catari vous pren?
Aujourdeui qu'es deminche, aûia-ti fa riboto?
Qu'ei qu'avé din li-s-iu, de pousso vo dé bren?
Coumo! iéu un aucéou! mount'és moun plumagé?
Metè vosti besicle, aluca moun pelage :
Siéu un gari, lou vesè pa?
Lou tron de l'air cure li e\ !!
Et per aquela repartido,
La conquino pousqué sauva dous co sa vido.

A l'ouro d'aujourdeui, n'y en manco pas de gèn,
Rato-penado politico,
Que s'augisson brama, selon coum' ès lou vèn :
Vivo lou rèi! vivo la républico!

         A. G.

Tarascon, 3 avril 1850.

Un jour, je ne sais quand, une chauve-souris dans un trou de belette entra toute troublée. L'écervelée! elle crut avoir trouvé un abri; mais voilà que sur-le-champ commère la belette, qui en voulait aux rats, dès qu'elle voit la pauvrette, est leste pour la dévorer. — As-tu le front, lui fait-elle, de provoquer ma colère après que tes pareils m'ont fait trois ans la guerre? Oh! le laid animal! car, si je ne suis pas aveugle, tu m'as bien l'air d'être un rat, un de ces voleurs qui furettent dans l'armoire, qui ne vivent rien que pour le mal. Je te dis que tu es un rat... Allons! dis ton *Confiteor* si tu ne veux pas mourir comme un porc. — Moi, un rat? Mettez des dents (vous êtes au maillot), ma belle dame! Moi faire un tel métier!!! Ouvrez donc les yeux. Je suis oiseau, voilà mes ailes. Regardez bien qui je suis : vous ne me *rembarrerez* plus. — Voici ce que dit notre chauve-souris. La rusée eut là une bonne pensée. La belette la croit, et la laisse partir, réjouie comme un saint qui monte en paradis. Trois jours après cette échauffourée, où elle manqua trouver la mort (ah! quand vous êtes malheureux, c'est que vous devez l'être), poussée par son mauvais sort, chez une autre belette elle entre encore,... l'étourdie! Celle-ci en veut aux oiseaux, et les pourchasse tant qu'elle peut : la chauve-souris est encore en danger pour sa vie. La dame du logis allonge le museau, va tout de suite saigner l'oiseau. Ah! cette fois c'est pour tout de bon... Notre petite demoiselle se relève, et dit : Doucement! doucement! quel catarrhe vous prend? Aujourd'hui qui est dimanche, auriez-vous fait ribotte? Qu'avez-vous dans les yeux, de la poussière ou du son? Comment? moi un oiseau? Où est mon plumage? Mettez vos bésicles, regardez mon poil. Je suis un rat, ne le voyez-vous pas? Le tonnerre confonde les chats. — Et par cette répartie la coquine put sauver sa vie une seconde fois. — A l'heure d'aujourd'hui, il n'y en manque pas de ces gens, chauves-souris politiques, que l'on entend crier, selon que vient le vent : Vive le roi! vive la république!

HIPPOLYTE LAIDET. — ESTACHON. — JOSEPH PASCAL. — J'ai plusieurs raisons, bonnes ou mauvaises, pour réunir ces trois fabulistes dans le même aperçu :

1º En voyant le chemin que j'ai fait parcourir au lecteur, je crains de le fatiguer : c'est, je crois, la meilleure raison de toutes.

2º Les poètes sus-désignés sont de Marseille; ils ont écrit dans le même dialecte et à la même époque : il y aurait dès lors peu d'intérêt, au point de vue linguistique, à faire de nombreuses citations.

3º L'intérêt littéraire ne serait pas plus grand, car les fables marseillaises, surchargées en général de colifichets d'un goût souvent contestable, semblent toutes taillées sur le même patron. Elles sont du reste disséminées dans divers recueils. Ainsi M. H. Laidet, que Roumanille qualifie d'habile traducteur de La Fontaine (1), M. H. Laidet a donné plusieurs fables au *Bouil-Abaisso* de Desanat, notamment *la Cigale et la Fourmi*, et a inséré dans les *Nouvelles poésies provençales* de Pierre Bellot (2) (T. III de l'édition de 1840, T. IV de l'édition de 1841) une paraphrase en cent onze vers de la fable *les Grenouilles qui demandent un roi*. Ainsi encore on trouve dans *lou Tambourinaïre et le Ménestrel* (3), n°ˢ des 29 mai et 12 juin 1841, deux fables d'Estachon : *lou Garri retira doou mounde* (*le Rat retiré du monde*) et *lou Païsan et la Ser* (*le Villageois et le Serpent*). Enfin Joseph Pascal a mis dans le même recueil, n° du 8 octobre 1841, *lou Busquejaïre et la Mouar* (*le Bûcheron et la Mort*). Comme cette dernière fable n'a que dix-huit vers de plus que l'original français, je la transcris en entier, car elle est courte relativement aux autres. Il eût été à désirer que l'auteur, ayant à faire l'histoire du bûcheron, ne se fût pas cru obligé de commencer par l'histoire du fagot :

LOU BUSQUÉJAÏRE ET LA MOUAR.

Un busquéjaïre, bouen matin,
Parté per faïre uno feïssino ;
Aprés avé fach proun camin,
Sa picosso dessus l'esquino,
Arribo enfin dins un endré
Mounté l'avié fouesso baragno.
Bon, dis, couparaï tout darè :
S'agisse pas d'ayer la cagno.
Désuito aganto sa destraou,
Basselo d'amoun et d'avaou ;
Puis, quand a feni sa besougno,
E qué s'és refresca la trougno,
Fach soun faï, mai lou fet tant lour
Qué per lou cargar resté cour :
S'assagé dè touto maniero,
Per l'ajudar l'avié degun,
Et sentiè véni la fresquiero ;
Vous demandi s'avié lou fun.

(1) *Dissertation sur l'orthographe provençale* en tête de *la Part dau bon Dièu*. — Avignon, 1855, in-8.
(2) Pierre Bellot, né à Marseille le 17 mars 1783, mort en septembre 1855 suivant M. P. Chéron (*Catal. de la libr. franç. au* XIX*ᵉ siècle*), et en octobre de la même année suivant M. Vapereau (*Dict. des contemp.*).
(3) Journal hebdomaire in-4, rédigé par Pierre Bellot pour la partie provençale, et par Louis Méry pour la partie française.

Coumo un damna sì demenavo ;
Dins soun despié si dèsoulavo ;
Soucno la mouar, et, coumo un fouel,
Dis : Per acabar ma journado,
Mi vendras pas touesse lou couel,
Marrido vieyo descarnado ?
A pas feni de souhétar
Que davan d'eou ven s'applantar.
— Faï leou qué manqui pas d'affaïré,
Et despacho-ti de leou faïre !
Li dis la maigro. — Lou calian
Li respouende : Oou ! anen plan ;
Taï cridado, laïdo mino ;
Es per mi mettre sus l'esquino
Un faï lour et maou engeança ;
Mai de mourir siou pas pressa !

Aco ti provo, moun coumpaïre,
Que touteis demandan la mouar ;
Mai que la vouguoum n'a pas gaïre ;
Car couyé mai que d'arrifouar.

Un bûcheron, de grand matin, partit pour faire un fagot. Après avoir fait beaucoup de chemin, sa hache sur l'épaule, il arrive enfin dans un endroit où il y avait force branchages. Bon ! dit-il, je couperai tout cela de file : il ne s'agit pas d'avoir de la mollesse. Aussitôt il saisit la hache, et frappe d'amont et d'aval ; puis, quand il a fini sa besogne, et qu'il s'est rafraîchi la *trogne*, il fait son fagot, mais le fait si lourd que, pour le charger, il reste court. Il essaie de toute manière. Pour l'aider il n'y avait personne, et il sentait venir la fraîcheur. Je vous demande s'il était en colère. Il se démenait comme un damné, et dans son dépit se désolait. Il appelle la mort, et, comme un insensé, dit : Pour finir ma journée, ne viendras-tu pas me tordre le cou, méchante vieille décharnée ? Il n'a pas encore fini de proférer son souhait qu'elle vient devant lui se planter. — Fais vite, que je ne manque pas d'affaires, *et dépêche-toi de vite faire !* lui dit la maigre. Le *capon* lui répondit : Oh ! allons doucement : si je t'ai appelée, laide mine, c'était pour me mettre sur les épaules un fagot lourd et mal agencé. Mais pour mourir je ne suis pas pressé. — Ceci te prouve, mon compère, que tous demandent la mort, mais qu'il n'y en a guère qui la veulent, car elle cuit plus qu'un raifort.

Joseph-Jacques-Léon d'Astros. — Nous sommes dans le Var. Il y a dans ce département, à peu près à égale distance d'Aix et de Draguignan, un petit village nommé Tourves, célèbre par la naissance du cardinal d'Astros, ancien archevêque de Toulouse et de Narbonne, et de son frère Joseph-Jacques-Léon d'Astros.

M. le docteur d'Astros, né le 15 novembre 1780, est auteur de plusieurs opuscules de médecine, d'histoire naturelle et d'agriculture, insérés pour la plupart dans le Recueil des mémoires de l'Académie d'Aix, dont il est un des membres les plus distingués. Mais il me semble ne s'être décidé qu'assez tard à donner ses œuvres au public. J'ai sous les yeux la liste de ses ouvrages, qu'a bien voulu me communiquer mon confrère de la bibliothèque d'Aix, M. Mouan, secrétaire perpétuel de l'Académie de cette ville, et je n'y trouve rien d'antérieur à 1823, date de la publication du tome II des Mémoires de cette académie.

Ce tome II contient un mémoire d'agriculture et quelques fables patoises : or, à cette époque, M. d'Astros avait quarante-trois ans. Il a eu cela de commun avec La Fontaine et la plupart de ses imitateurs, que, à force de s'étudier, de se chercher, il est arrivé à penser que le beau en littérature est encore le naturel. Or ce n'est pas par hasard que M. d'Astros s'est pris à vouloir imiter La Fontaine, dont il a toute la bonhomie et toute la finesse. Il a en outre, en sa qualité de vieux médecin, une connaissance complète de l'homme et de ses faiblesses, et par suite beaucoup d'indulgence pour l'humanité. C'est, malgré son âge, un de ces bons et aimables causeurs dont on recherche la société.

M. d'Astros est vraisemblablement fils de La Fontaine. Aussi il le respecte, il le suit autant qu'il est possible à un Provençal de le suivre, c'est-à-dire en gambadant de çà, de là, et en s'arrêtant à chaque instant pour cueillir une fleur. Quelquefois même il s'écarte de la route, et alors on se met à songer que, si La Fontaine n'a pas pris le petit sentier suivi par son imitateur, c'est uniquement parce qu'il n'y a pas songé. C'est la réflexion qu'on se fait en lisant les diverses fables insérées dans les T. II, III et IV des Mémoires de l'Académie d'Aix (1), et principalement ce que M. d'Astros appelle « une traduction libre » de la fable les Grenouilles demandant un Roi. Cette allégorie poli-

---

(1) Voici les titres des fables; dans le T. II : *lou Courpatas et lou Reinard*; *lou Loup et lou Chin*; *leis Animaus attaquas de la pesto*; *leis Frèmos et lou Secret*; — dans le T. III : *lou Mueon que tanto so lignado*; *la Coonquilhado et seis Pichots*; *lou Cat, la Moustèlo et lou pichot Lapin*; *leis dous Pigeouns*; — dans le T. IV : *la Cigalo et la Fourmigo* (réimprimée dans *li Prouvençalo* de Roumanille, 1852, p. 369); *lou Mau marida*; *les Laires et l'Asé*; *las Granouilhos que demandount un Rei*.

tique se trouve à la fin du T. IV du recueil sus-désigné, publié en 1840. La date n'est pas indifférente : c'était, si j'ai bonne mémoire, l'époque où l'on voulait un roi « qui se remuât », et où la guerre était à l'ordre du jour.

LEIS GRANOUILHOS QUE DEMANDOUNT UN REI.

Leis granouilhos, si lassant
D'esse toujour sense mestre,
Jangourcrount tant et tant
Que lou diou Jupiter, de poou d'un escooufestré,
Coumo parei,
Si décidet à li dounar un rei.
Li lou mandet doou ciel. Ero pas un arléri,
Un prince entreprenent, ambitious, tyran ;
Ero poousa, bounias, human,
A défaout de cabesso, avié proun de matéri ;
Foout dire atou qu'avié un beou plan !
Pamen fet à soun arribado
Un taou raffle din l'er, et su l'aïguo un taou bran,
Que la granouilho espravantado
Creset la terre aprefoundado.
Aquelo espèço d'animaou,
Per l'espoourir, sabés qui lou foout paou.
Tambèn, *sauve qui peut*, cadun lou largé gagno :
Quu va dins leis traous leis pu founds ;
Quu s'escounde dedins leis sagno,
Dins leis cannos, quu dins leis jouncs ;
Lou gros, oou found doou marescagi,
Si va mettre dessus lou nas
Mié pan, per lou men, de fangas ;
S'agamoutis, espérant de couragi.
N'oougerount de long ten allucar oou visagi
Aqueou qué si crésien que fouguesse un géan.
Sabès ce qu'ero ? Un calaman !
Soun aspect impousant fet poou à la prémiero,
Quó, de lou veire s'hazardant,
Oouget sourtir de la sourniéro,
S'avancet, maï en tremourant ;
Un aoutro seguisset, piei uno autro, piei tant,
Que s'en fet uno tirassiero,
Et la bando à la fin fouguet tant familiéro
Que n'en venount jusqu'à saouta
Su l'espalo doou rei. — Lou rei, plen de bounta,
Si facho pas de la maniero ;
Souffre tout et dis ren.
La gent granouilho estounado en véseu

Qué soun rei ero mut et qué si boulegavo
Escassamen
Que quand l'aïgo ero en mouvamen,
Et qu'alors toujour si viravo
Doou caïre ounté lou vent bouffavo,
Répépiéguet : Ah ! siam pas gouverna !
O Jupiter, qué rei n'avés douna !
Regardas !... toujour en meme plaço,
Nous méno en lué, disient dintré la populaço
De mutinos qu'avient de front,
Vivo lou bru ! vivo la glori !
Se voulem far parlar l'histori,
Foout pas d'un rei qu'a leis couestos oou long.
Jupiter, de seis cris ayent la testo routo :
Siés pas countent, poplo ingrat, bouto !
T'empentiras d'avant que siégué nué,
Et su lou cooup li mandet une agrué.
Lou mounarquo, à soun arribado,
De granouilhos d'abord faguet uno ventrado ;
Esquicho, empasso.... ero leou lés ;
Et leis habitants doou marès
De cridar encaro maï ; et lou diou de li dire :
Sias tout de sacs maou plens, Oui, vire coummo vire,
Emé v'aoutreis eici l'y a toujour peiroou rout.
Sé vous crésiou, fourrié leou changear tout,
Foullié estar coummo erias, vaqui d'abord per uno.
Avés vougu changear ? Jabo. Mai per fourtuno
Quand vous aviou douna un rei bouinas et doux,
V'oun devias countentar : d'aquestou arrangeas-vous.

Les grenouilles, se lassant d'être toujours sans maître, grognèrent tant et tant que le dieu Jupiter, de peur d'une émeute, comme il paraît, se décida à leur donner un roi : il le leur jeta du ciel. Ce n'était pas un extravagant, un prince entreprenant, ambitieux, tyran : il était posé, bonasse, humain. A défaut de tête, il avait assez de matière. Il faut dire aussi qu'il avait un beau phlegme. Pourtant il fit à son arrivée un tel déplacement d'air et sur l'eau un tel fracas que la grenouille, épouvantée, crut que la terre s'entr'ouvrait. Vous savez qu'il faut peu de chose pour effaroucher cet animal. Aussi *sauve qui peut !* chacun gagne le large. Qui va dans les trous les plus profonds, qui se blottit dans les massettes, dans les cannes, dans les joncs ; les gros, au fond du marécage, vont se mettre sur le nez pour le moins un demi-empan de fango, et s'accroupir, attendant que le courage leur vienne. Ils n'osèrent de long-temps regarder au visage celui qu'ils croyaient un géant. Savez-vous ce que c'était ? Une poutre. Son aspect imposant fit peur à la première, qui, se hasardant à le voir, osa sortir de sa cachette. Elle s'avança, mais en tremblant. Une autre suivit, puis une autre, puis tant qu'il s'en fit une traînée ; et la bande, à la fin, fut si familière qu'elles en vinrent jusqu'à sauter sur l'épaule du roi. — Le roi, plein de bonté, ne se fâche pas du procédé; il souffre tout, et ne dit rien. La gent grenouille, étonnée en voyant que son roi était muet, et qu'il ne bougeait que quand l'eau était en mouvement, et qu'alors il se tournait toujours du côté où soufflait le vent, murmura : Ah! nous ne sommes pas gouvernées. O Jupiter, quel roi nous avez-vous donné! Regardez-le : toujours à la même place. Il ne nous conduit nulle part, disaient, parmi la populace, des mutins qui avaient du front. Vive le bruit, vive la gloire! Si nous voulons faire parler l'histoire, il ne nous faut pas d'un roi ayant les côtes au long (toujours couché). — Jupiter, de leurs cris ayant la tête rompue : Tu n'es pas content, peuple ingrat, va! tu t'en repentiras avant qu'il soit nuit. Et, sur ce coup, il leur envoie une grue. Le monarque, à son arrivée, de grenouilles tout d'abord se fit une *rentrée;* il tord et avale..., c'était bientôt fait. Et les habitants du marais de crier encore plus, et le dieu de leur dire : Vous êtes tous des sacs mal pleins. Oui, n'importe comme il retourne, avec vous ici il y a toujours chaudron cassé (il y a toujours à redire). Il fallait rester comme vous étiez; voilà d'abord pour une. Vous avez voulu changer, soit; mais, quand, par fortune, je vous avais donné un roi bonasse et doux, vous deviez vous en contenter. Arrangez-vous de celui-ci.

M. d'Astros a été contemporain de Diouloufet, comme Martin l'avait été de Tandon. Si le languedocien de Tandon est moins pur que celui de Martin, on peut dire du provençal d'Astros qu'il est plus correct que celui de Diouloufet, qui cependant est en général soigneux de remonter à l'étymologie des expressions dont il se sert.

Étienne Garcin, de Draguignan. — Comme on vient de le voir, le dialecte des paysans du Var diffère en quelques points de celui des Bouches-du-Rhône. Plus on se rapproche de l'Italie, plus le langage s'éloigne du français, et devient difficile à comprendre. Cependant il est à peu près le même dans tout le département si je puis en juger en comparant les fables de M. d'Astros et la traduction de la fable *le Renard et la Cigogne* due à la plume d'Étienne Garcin, de Draguignan, et imprimée dans le *Bouil-Abaïsso,* 1re série, n° 58, 11 mars 1842. Par ce motif, je ne reproduirai pas cette traduction, qui est à peu près littérale; car j'ai hâte de passer aux fabulistes du Limousin. Mais, avant d'arriver dans cette dernière province, je me détournerai un peu de ma route, et je passerai par Clermont-Ferrand, où je m'arrêterai le temps strictement nécessaire pour copier un spécimen du patois auvergnat.

VI.

FABULISTES AUVERGNATS.

C.-A. RAVEL. — Je ne connais d'autre fabuliste auvergnat que feu M. Ravel. Les quelques fables qu'il a traduites de La Fontaine sont imprimées à la suite d'un poème patois intitulé *la Paysade, ou les Mulets blancs* (1), que l'auteur composa à l'âge de vingt ans. M. Ravel a laissé aussi quelques poésies françaises. Il s'occupait depuis quelques années d'un poème patois intitulé *les Géorgiques auvergnates*, et qui devait avoir plusieurs chants, lorsque la mort est venue l'enlever à sa famille. Voici une des fables qu'il a travesties :

LE (2) GROLLE ET LE RENA.

Eun biau jcou mouètre grolle,
Pausa desoubre eun queicè,
Zo n'avé be trouba drolle,
Zayo eun froumadze o son bè.
Oqui futa mouètre rena
L'embabiolavo de démba :
Bonjcou! mouètre grolle; i dijio, bonjcou!
De chu sé dévalla por èpia to gentou ;
Che t'oya che bon babi
Coummo te pourta le bè,
O Bello-Ombre (3), sin mienti,
Dau ljiau cheya le rei.
Oquo dou tri peti mou
O grolle sabon che bou
Que n'in bado, mon gran Nivèlo,
Euno grando badorèlo.
Jo n'echèapo son dina,
Que n'é pordiu por le rena,

---

(1) *La Paysade, ou les Mulets blancs*, épopée tirée d'une histoire auvergnate, en vers auvergnats; suivie d'une *Épître à Babel*, et du *Combat des Rats et des Belettes*, et autres fables de La Fontaine, travesties ; — 2e édition, Clermont-Ferrand, chez l'auteur, rue du Grand-Séminaire, 1839, in-8.
(2) Les e non accentués sont muets.
(3) *Belle-Ombre*, domaine près de Clermont.

Que le goullo, et qu'i diçai :
Sabin pâ, pobre inucén,
Qu'eun babioleu vio o dépén
De to que-z-y bado-bel.
Dio veuille qu'oquello liçou
Demo te vaille eun gaporou (1);
Qu'aneu te serve de curo-dén.
Adié, l'ami, porto te bien.

Un jour maître corbeau, posé sur un échalas (vous l'allez bien trouve drôle), avait un fromage à son bec. Là, fûté maître renard l'enjôlait d'en bas : Bonjour, maître corbeau, lui disait-il, bonjour ! De là haut je suis descendu pour observer ta gentillesse. Si tu avais aussi bon babil que tu portes le bec, à *Belle-Ombre*, sans mentir, des oiseaux tu serais le roi. Ces deux ou trois petits mots à corbeau *sarent si bon* (sont si agréables) qu'il en ouvre, mon grand Nivello, un grand bec. Il laisse tomber son diner, qui n'est pas perdu pour le renard. Celui-ci l'engloutit dans sa gueule, et dit : Tu ne savais pas, pauvre innocent, qu'un enjôleur vit aux dépens de tout badaud. Dieu veuille que cette leçon demain te vaille un gaparou ! Pour aujourd'hui qu'elle te serve de cure-dent. Adieu, l'ami, porte-toi bien.

VII.

FABULISTES LIMOUSINS.

Le Limousin n'a guère produit de poètes. M. H. Taine donnerait de ce fait des raisons géographiques : ciel trop souvent brumeux, température inconstante, petits monticules, petits ruisseaux, petite culture; pauvre pays, parlant peu à l'imagination, et obligeant les habitants à diriger leurs facultés vers le commerce et l'industrie; région centrale par rapport à la France, et à l'abri des grands fléaux qui affligent l'humanité, mais qui exaltent les âmes; région limitrophe par rapport à la langue d'oc et à la langue d'oïl, et dont la race participe encore de la nature des deux races voisines, sans en avoir aucun des traits saillants.

Les Limousins n'ont en effet ni le don-quichottisme des gens du midi, ni la matoiserie des hommes du nord. Ils sont posés, réfléchis, peu enthousiastes, et faisant plus de cas de la science que de la littérature : aussi chez eux beaucoup de savants, mais

(1) Espèce de fromage.

peu d'artistes, encore moins de poètes. Leurs écrivains sont moins légers, mais en revanche moins sujets aux écarts que ceux du Languedoc et de la Provence. Ils tracent leur sillon pesamment, prudemment, et ne font-ils guère parler d'eux. Dans la petite galerie des poètes limousins je ne vois qu'une figure un peu originale, celle de Foucaud.

Foucaud. — Foucaud, avant d'être fabuliste, fut un homme politique dont on se rappelle encore la triste histoire; ce qui n'est pas un mince avantage pour la critique littéraire, car on peut chercher dans sa vie et dans son humeur l'explication de bien des particularités de son style. J'essaierai donc avant tout d'esquisser les traits principaux de son caractère d'après son biographe M. Othon Peconnet (1).

Né à Limoges en 1747, Foucaud grandit au milieu du malaise social et des murmures philosophiques précurseurs de la tempête de 1789. Mal partagé sous le rapport de la naissance et de la fortune, dévoré d'une ambition indéfinie, il dut, malgré la robe de jacobin dont il s'était laissé revêtir, saluer avec chaleur l'avènement des idées dites nouvelles, se jeter à corps perdu dans toutes les exagérations révolutionnaires, et, grâce sans doute à cette même robe, ne s'arrêter que devant le sang. L'orage passé, et lorsque le calme commençait à renaître sous la main ferme de Napoléon, Foucaud, dont l'âge avait refroidi la fougue, reconnut tout le vide de ses illusions politiques, et, rêvant une autre gloire que celle de la tribune, demanda des consolations aux âpres jouissances de l'étude et à l'activité dévorante de la pensée. On vit alors se réveiller en lui sa vieille passion pour les mathématiques et pour la littérature. Il lisait et relisait La Fontaine, et, dans sa soif ardente de gloire, il entreprenait de composer des fables patoises sur les sujets laissés par le poète français. Quelques personnes se représentent encore cet homme sec, malingre, hypocondriaque, n'ayant plus la fièvre, mais en ayant conservé l'amertume, sceptique par expérience, et surtout par impuissance, plutôt frondeur comme La Rochefoucault, dont il avait en quelque sorte le passé orageux, que bonhomme comme La Fontaine, dont il n'avait pas la politique égoïste.

(1) V. *Bulletin de la Société Archéologique du Limousin*, T. V, année 1854.

Tel est Foucaud dans ses fables (1). On y sent trop la mauvaise humeur : où La Fontaine est malicieux, il est méchant ; le fabuliste français blesse par étourderie ; Foucaud, toujours avec préméditation. Il faut voir le mal qu'il se donne pour inter-

(1) Il existe trois éditions des fables de Foucaud, publiées à Limoges : la première, de 1809, en 2 vol. in-12, et la seconde, de 1835, en 1 vol. in-8, sorties toutes les deux des presses de Bargeas ; la troisième, formant la première partie du recueil édité en 1849 par Th. Marmignon, libraire, et imprimé par H. Ducourtieux, sous le titre de *Poésies en patois limousin : Œuvres complètes de J. Foucaud, Richard, etc.*, deux parties en 1 vol. in-12. Mais, dans toutes ces éditions, sans en excepter la première, publiée sous les yeux de l'auteur, l'orthographe est si capricieuse qu'il est impossible au lecteur étranger de soupçonner la prononciation limousine derrière cet assemblage incohérent de voyelles, d'accents, de traits d'union, etc. Il serait à souhaiter qu'un nouvel éditeur, se pénétrant de cette vérité que le patois n'est pas un français corrompu, voulût bien prendre en considération les idées suivantes :

1° En attendant que les philologues soient parfaitement d'accord sur les véritables étymologies des mots patois et surtout des désinences, ne serait-il pas prudent de s'en tenir à la transcription aussi exacte que possible de la prononciation limousine ?

2° Cependant, comme quelques sons patois que n'a pas le français existent dans certaines langues romanes, telles que l'italien et l'espagnol, ne pourrait-on pas, pour la transcription de ces sons, adopter tout simplement l'orthographe de ces langues ?

Voici donc, d'après ces données, le système orthographique que j'ai cru devoir employer dans la reproduction des fables qu'on va lire :

Voyelles. — La prononciation dite *muette* de l'*e* n'existant pas en limousin, je n'accentuerai pas l'*é* fermé ; — l'*e* et l'*i*, même devant le *m* et le *n*, conservent leur son alphabétique, et se prononcent : l'*e* comme dans *chien*, et l'*i* comme dans *inutile* ; — devant les mêmes consonnes *m* et *n*, *u* n'a jamais le son que nous lui donnons en français dans *un* ; — *au* devra se prononcer à l'italienne en appuyant sur l'*a*, et en glissant légèrement sur le reste de la diphthongue, qui doit sonner *ou* : *dou* ; — de même *ai* devra se prononcer en pesant fortement sur l'*a*, et en passant rapidement sur l'*i* ; — *eu* conserv. le son qu'il a en français.

Consonnes. — *G* devant *e* et *i*, *j* devant une voyelle quelconque, ont un peu la prononciation italienne *dge*, *dgi* ; mais c'est à peine si l'on doit faire sentir le *d* ; — même observation pour le *ch* devant une voyelle, qui a la prononciation affaiblie du *c* italien : *tche*.

A l'exception des liquides *l* et *r*, et des consonnes *m* et *n*, qui, lorsqu'elles servent de terminaisons, ont toujours le son nasal, la prononciation limousine n'accuse l'existence d'aucune consonne à la fin des mots. Si, pour éviter certains hiatus, on intercale une consonne entre deux voyelles, je crois qu'il faut considérer cette consonne plutôt comme employée pour l'euphonie que comme appartenant au premier mot. Dans le patois des

caler une satire dans son récit. Ce ne sont plus les poètes méridionaux, bruyants et parfois grossiers, mais bonnes gens au fond ; ce n'est plus le timide Bergeret, le vertueux Diouloufet ou l'ardent Roumanille : c'est, d'une part, l'écrivain instruit et spirituel, de l'autre, l'homme du peuple envieux, l'orateur du club révolutionnaire. Les exemples viennent en foule à mon esprit. Le plus frappant est la fable des *Animaux malades de la peste.* Nous sommes en pleine Convention :

LA BETIA MOLAUDA DE LO PESTO.

Un jour lou boun Dî en coulèro
Boujé no molaudio sur tèro
Per un pŭi motâ *messieurs* loû animau,
Que delpey tan de ten ly fogian tan de mau.
Lou boun Dî soblo be que jomai lo fomino
    N'auzo entrâ dî lo cousino
    Daû rey mâ daû courtisan ;
    Lo n'ey mâ per loû peïsan.
    Mâ lo molaudio eyfrountâdo
    Que leidoun fuguè boujâdo
    Eyssego lo gen tout-à-fai ;
    Lo bout)fo, bouri-t-e bolai.
    Quèlo molaudio impitoyâblo
    Elo touto soulo ey copâblo

environs de Limoges, on dit : *loû homey, l'amâ, v'autrey, n'autrey,* et non pas : *lous homeis, las amas, vous autreis, nous autreis.* Par cette raison, qui me semble concluante, je me permettrai d'écrire sans s les pluriels, d'autant que le s comme marque du pluriel n'existe ni dans le latin, ni dans l'italien, ni, en certains cas, dans la langue romane, ni dans quelques idiomes méridionaux. De même, je ne donnerai pa ux diverses terminaisons des verbes les terminaisons françaises ; car, encore une fois, le patois n'est pas du français : j'essaierai d'écrire comme on prononce.

Je terminerai par une observation qui a quelque importance : quoique nous n'ayons pas de mots terminés par un *e* muet, l'accent tonique subsiste toutefois, et doit se faire sentir principalement à la lecture des vers, qui, pour l'agencement des rimes masculines et féminines, suivent les règles prosodiques françaises. Cependant la dernière syllabe féminine ne s'escamote pas autant que dans la plupart des patois du midi : ainsi l'on prononce distinctement l'*o* final du mot *ferno*, ce qui n'empêche pas l'accent tonique de porter sur la syllabe *fer.* C'est ce qui, joint à la fréquence des hiatus, rend le patois limousin si lourd.

Pour faciliter l'intelligence du texte, j'écris en italique les voyelles finales qui doivent s'élider à la lecture.

Di trey jour d'ovey bloda
Tou lou chodan de Louya (1).
Molaudio que re ne chasso,
Molaudio qu'en un mou ratèlo ente lo passo,
Lo pesto (perque fau lò pelà tou-de-boun
Per soun veritable noun)
Lo pesto fuguè doun no franço generalo
Per touto lo raço onimalo :
Loû febley mai loû for, loû gran mai loû piti,
Crejian toû sen onà muri,
I bromovan,
Se treynovan,
Sey pensà
A chossà.
Ordre de fà penitenço,
Di tout l'eta ly o defenço
De preney
Pen plosey.
Lo fidèlo
Tourterèlo
Pù ne vio
D'oporio.
N'y o pù de lou que covâle
Loû patrèy mai loû moutoû;
N'y o pù de renar qu'avâle
Ni pouletâ ni dindoû.
Leidoun lou lioun que gouverno
l'ai veni di so coverno
Toû loû piti mai toû loû gran,
E lour di : Moû paubrèy efan,
Lou boun Di noû tolofisso :
Jomai l'ai vu tan fâcha.
Qui l'o mey tan en moliço?
Co n'ey mà notrey pechà.
Fosan-li doun lou socrifice
Dau pù couqui d'entre noû;
Que queuqui tou soû perisso;
So mor noû sauvoro toû.
I'ai trouba di mo memorio
Qu'à Roumo i se foglan glôrio
De queu pouen de religi
Per opojà lou boun Di.
V'au dizo coumo iau pense,
E, per v' au prouvà, iau coumence
Lou beu prumiè mo coufessi.
I'ai plo, per lou segur, offença queu gran Di!

(1) Cimetière de Limoges.

Delpey que lau sai sur lo tèro,
Iau n'ai fa pèno justo guèro.
Quan de moutoù que fai boufa
Que me vian gro jomai re fa!
Iau ai mémo, no ve, possa per mo gourgèro
   No bargèro!...
Moun omita per voù e per vòtro santa
  Me racho lo francho varta.
  Hebe auro, si fau que perisse,
  Que l'ossemblado me chausisse;
Crese pertan, crese de bouno fe
Que chacun deu eyci s'ocusâ coumo me,
Sey co lou tribunau ne sirio pâ copâble
De couneytre lou pû coupâble.
Pensâ-v'entau? — Aplo! di lou renar,
  Que vô fâ pertou soun bovar,
Aplo'! mâ podè-vou ovey gu lo pensâdo
Que Vòtro Mojesta peche esse coundanâdo?
  Mâ, mo fe, qu'ey plo un beu pecha
    Dau cha
  Quan v'aurià fa lo deguèlio
  De cauco mechanto ovèlio,
  De cauquey chêti moutoù!
Si loù minjovan pâ, à que sirian-t-i boù?
V'ovè croca cauco pitito filio!
  Bouey! co n'ey ma no pecodilio.
  Ne dirio-t-un pâ oprè-tou
  Qu'uno bargèro ey lou Peyrou?
D'oliour, l'ey di soun tor. Dèvio-t-elo, à soun âge,
  Emborossâ vòtre possâge?
Me, ne veze mâ qui un chatimen d'au ceu :
  Lo meritavo plei beleu.
    Quello conàlio,
    Quello rocàlio
    Ey re que vàlio
    Per fâ ripàlio,
E voù lour vey fâ, Mounsegnour,
En loù crouquan, beuco d'haunour,
Qu'ey plo entaù que fai soun pròne
Qeu que praicho autour d'un tròne :
Loù gran soun fa per vantâ,
Loù piti per cllopetâ.
Aussi là betià cllopetèren,
Chacuno lour tour là venguèren
S'ocusâ bounomen dovan lou coumita
De toù loù maù que là vian fa.
Loù jugey subre chaco phrâso
Possovan coumo sur lo brâso;

E l'our, lou tigre mai lou lou,
Maugra toû lour gran tor, guèren toujour ròsou.
Loû pechâ dau renar n'èran mâ no finesso,
　　Qui dau singe dau tour d'odresso,
E lou jury, dî toû soû jujomen,
N'en aurio fa de toû presque de piti sen.
　　A lâ fi l'âne se presento,
　　L'aurèllo en l'er, l'âmo countento,
　　De so vito ò n'o jomai gu
　　L'envio de fà mau à degu.
De beu de grôvechâ, d'eypiauzâ so coussinço,
O se trâ-souvè bien d'uno fauto assey minço.
　　Iau m'ocuse, se dissè-t-eu,
　　Qu'en mo charjo sur moun poueu,
　　Possan per un pra de beguinâ,
Sentiguè tou d'un co dèminjâ mâ norinâ
　　Querèque l'ôdour me flotè,
　　Qualo herbo fraîcho me tentè,
　　Beleu lo fan què me pressè,
　　Cauque diablo que me poussè,
Que sabe-iau ! mâ n'en guel n'eylampiâdo ;
　　Mingei no pitito gourjâdo
　　　　De piss en lic.
　　Coumo degu lo me bolic,
　　I'ai regre que lo chio raubâdo,
　　E m'en coufesse à l'ossemblâdo.
　　— O lou couqui ! ô lou moran !
Lou veyqui ! lou veyqui lou pecha fournicau !
Se credè cauque lou qu'ero di lo tribuno
(E queu lou n'ero pâ d'uno raço coumuno :
　　I dijian qu'ò vio eytâ
　　Un pau clar châ 'n ovouca) :
　　Veyqui plo d'oun ve lo coulèro
　　　　Dau ceu countre lo tèro.
　　Coumo fau eytre scelera
　　Per raubâ l'herbo di un pra !
　　E, chauplâ ! lou pra de lâ mèrà !
　　Co n'ey pâ prou de lâ golèrâ,
　　Quau lechodiè !... qual eyfrountâ !
　　Vè-v 'auvi coumo ò s'ey vantâ
　　D'ovey minjâ lou be dau autrey !
　　Pèno de mor! qu'en pensa-v'autrey ?
　　Tou lou clube credè : Bravo !
　　E sur l'âne : Hâro ! hâro !
　　Lo Counvenci decrèto en masso
　　　　Qu'ò siro mei
　　　　Hor de lo lei
　　E pourtoro lo poulinâsso.

E qucu malhûroû pecâta
Poyè bien se tou soû l'èco dau coumita.
N'y vio degu per lou defendre :
Se fouguè be doun leyssâ pendre.

Qucu qu'o fa lou counte asseguro
Que, sey vey vu lo proucedûro,
Noû podep dovinâ, mai bien eyzadomen,
Coumo siro lou jujomen.
Veyqui coumen :
Si qu'ey un riche qu'ey coupâble,
Châ segur que soun cà n'ey jomai coundanâble;
Entre richèy qu'ey-n-entendu.
Mâ, per pau qu'ò cho minâble,
Paubre, fèble, miserâble,
Châ segur qu'ò siro péndu.

Un jour le bon Dieu en colère répandit une maladie sur la terre pour mater un petit messieurs les animaux, qui depuis si long-temps y faisaient tant de mal. Le bon Dieu savait bien que jamais la famine n'ose entrer dans la cuisine des rois et des courtisans : elle n'est que pour les paysans. Mais la maladie effrontée, qui alors fut répandue, suit les gens à taille ouverte; elle balaie tout, balayures et balai (elle ne laisse rien). Cette maladie impitoyable elle toute seule est capable dans trois jours d'avoir ensemencé tout le champ de Louya : maladie que rien ne chasse; maladie qui, en un mot, fait râfle où elle passe; la peste (puisqu'il faut l'appeler tout de bon par son véritable nom), la peste fut donc une panique générale dans toute la race animale. Les faibles et les forts, les grands et les petits, croyaient tous s'en aller mourir. Ils bramaient, se traînaient, sans penser à chasser. Ordre de faire pénitence. Dans tout l'état il y a défense de prendre aucun plaisir. La fidèle tourterelle n'avait plus de compagnon. Il n'y a plus de loup qui *galope* les bergers et les moutons; il n'y a plus de renard qui avale ni poulettes ni dindons. Alors le lion qui gouverne fait venir dans sa caverne tous les petits et tous les grands, et leur dit : Mes pauvres enfants, le bon Dieu nous aiguillonne : jamais je ne l'ai vu aussi fâché. Qui l'a mis si en colère? Ce ne sont que nos péchés. Faisons-lui donc le sacrifice du plus coquin d'entre nous. Que celui-là tout seul périsse : sa mort nous sauvera tous. J'ai trouvé dans ma mémoire qu'à Rome ils se faisaient gloire de ce point de religion pour apaiser le bon Dieu. Je vous le dis comme je le pense, et, pour vous le prouver, je commence le beau premier ma confession. J'ai bien sûrement offensé ce grand Dieu ! Depuis que je suis sur terre je n'ai fait aucune juste guerre. Que de moutons j'ai bâfrés qui ne m'avaient certainement jamais rien fait ! J'ai même une fois fait passer par mon gosier une bergère. Mon amitié pour vous et pour votre santé m'arrache la franche vérité. Eh bien, maintenant, s'il faut que je périsse, que l'assemblée me choisisse. Je crois pourtant, je crois de bonne foi que chacun doit ici s'accuser comme moi : sans cela le tribunal ne serait pas capable de connaître le plus coupable. Pensez-vous ainsi ? — Oui, dit le renard, qui veut faire partout son bavard ; oui, mais pouvez-vous avoir eu la pensée que Votre Majesté puisse être condamnée ? Mais, ma foi ! c'est bien un beau péché du chat quand vous auriez fait bombance avec une méchante brebis, avec quelques mauvais moutons : si on ne les mangeait pas, à quoi seraient-ils bons ? Vous avez croqué quelque petite fille ! bast ! ce n'est qu'une peccadille. Ne dirait-on pas, après tout, qu'une bergère est le Pérou ? D'ailleurs elle est dans son tort : devait-elle à son âge embarrasser votre passage ? Moi, je ne vois là qu'un châtiment du Ciel. Elle méritait pis peut-être. Cette canaille, cette racaille est rien qui vaille pour faire ripaille, et vous leur avez fait, Monseigneur, en les croquant beaucoup d'honneur. — C'est bien ainsi que fait son prône celui qui prêche près d'un trône. Les grands sont faits pour vanter, et les petits pour battre des mains : aussi les bêtes applaudirent-elles. Chacune à son tour, elles vinrent s'accuser bonnement devant le comité de tous les maux qu'elles avaient faits. Les juges sur chaque phrase passaient comme sur la braise, et l'ours, le tigre et le loup, malgré tous leurs grands torts, eurent toujours raison. Les péchés du renard n'étaient que finesses ; ceux du singe, que tours d'adresse ; et le jury, dans tous ses jugements, aurait fait de tous presque de petits saints. A la fin l'âne se présente, l'oreille en l'air, l'âme contente. De sa vie il n'avait jamais eu l'envie de faire mal à personne. A force de gratter, d'épucer (d'éplucher) sa conscience, il finit bien par se ressouvenir d'une faute assez mince : Je m'accuse, dit-il, que, avec ma charge sur mon bât, passant par un pré de religieuses, je sentis tout à coup mes narines me démanger. Sans doute l'odeur me flatta, cette herbe fraîche me tenta ; peut-être la faim qui me pressa, quelque diable qui me poussa, que sais-je ? Mais je me laissai aller. Je mangeai une petite gorgée de pissenlit. Comme personne ne me la donna, j'ai regret qu'elle soit volée, et je m'en confesse à l'assemblée. — Oh ! le coquin ! oh ! le maraud ! le voici ! le voici, le *gros* péché (que nous cherchions) ! cria quelque loup qui était dans la tribune (et ce loup n'était pas d'une race commune : on disait qu'il avait été un peu clerc chez un avocat). Voici bien d'où vient la colère du Ciel contre la terre ! Comme il faut être scélérat pour voler de l'herbe dans un pré ! et, s'il vous plaît, le pré des mères. Ce n'est pas assez des galères ! Ce friand, cet effronté ! voyez-vous comme il s'est vanté d'avoir mangé le bien des autres ! Peine de mort ! qu'en pensez-vous ? — Tout le club cria : Bravo ! et sur l'âne ! Haro ! haro ! — La Convention décrète en masse qu'il sera mis hors la loi, et portera la peine de tous ; et ce malheureux *peccata* paya bien lui tout seul l'écot du comité. Il n'y avait personne pour le défendre, il lui fallut donc bien se laisser pendre. — Celui qui a fait le conte assure que, sans avoir vu la procédure, nous pouvons deviner, mais bien aisément, comment sera le jugement. Voici comment : si c'est un riche qui est coupable, soyez sûr que son cas n'est jamais condamnable ; entre riches, c'est entendu. Mais, pour peu qu'il soit raillable, pauvre, faible, misérable, soyez sûr qu'il sera pendu.

Ces pauvres riches ! jamais Foucaud ne laisse échapper l'occasion de les pourchasser de ses sarcasmes, et de les montrer du doigt au peuple. Cette occasion, il la recherche même le plus souvent (V. l'Ane et le Chien, la Laitière et le Pot au lait). La Fontaine, dans ses attaques les plus mordantes, fait la leçon aux grands sans arrière-pensée, sans amour de popularité. Foucaud, lui, semble plutôt faire appel aux passions des petits. Il est vrai que les idées vagues de grandeur et de puissance émises par La Fontaine seraient peut-être mal comprises de nos paysans, qui depuis 1789 sont plutôt en rapport avec la bourgeoisie qu'avec la noblesse : c'est la seule excuse que je lui trouve.

Quelquefois cependant, quand il est impossible qu'il soit question de ce malheureux antagonisme social ; quand surtout le maladif fabuliste est dans ses bons jours, il se présente à nous sous un autre aspect, et nous trouvons dans son style toute l'onction du prédicateur :

> Mâ méfian-noû de lo comardo :
> L'ey toujour à nôtrey toloû ;
> Soun dar ne fai pâ de joloû ;
> Touto l'herbo de lo naturo
> Ey per se toujour prou moduro :
> O faucho di toutâ sosoû.
> Di lou ceu nôtre houro ey fixado ;
> E, plei-t-o Di! ly guëssan-noû
> Nôtro plaçô to-be marcado !
> De segur lo s'y perdrio pâ ;
> Car n'oven beu dire, e beu fâ
> De beû plan, daû proujey, daû chateû en Espagno,
> En villo, o lo cour, en campagno,
> Lo Mor detrui tou co daû mindre co de pe.
> Temouen lou molhurou curé,
> Ne counaisse mâmo finesso
> Per l'empechâ de noû trohi :
> Qu'ey de viaure di lo sogesso
> E toujour tou prete a parti.
>
> (Lou Curé e lou Mor.)

Mais méfions-nous de *la camarde*. Elle est toujours sur nos talons. Son dard ne fait pas de jaloux. Toute l'herbe de la nature est pour lui toujours assez mûre. Il fauche dans toute saison. Dans le ciel notre heure est fixée, et plût à Dieu que nous y eussions notre place aussi bien marquée ! A coup sûr, elle ne s'y perdrait pas ; car nous avons beau dire, et faire de beaux plans, des projets, des châteaux en Espagne ; en ville, à la cour, à la campagne, la Mort détruit tout cela du moindre coup de pied. Témoin le malheureux curé. Je ne connais qu'une finesse pour l'empêcher de nous trahir, c'est de vivre dans la sagesse et toujours tout prêt à partir.

Ailleurs il paraphrase ainsi la morale de la fable *l'Écrevisse et sa fille*, et, chose dont il faut lui savoir gré, il est moins méchant que La Fontaine :

  Voû vezey be quello pitito fablo ?
  Eh be ! l'o no grando moralo
  Per loû jauney mai per loû viey :
Car n'y o re de meïlour coumo n'y o re de piei
  Per un garçou mai per no fillo
  Que l'eyzample de so fomillo ;
  E qu'ey toujour dî so meïjou
Que chacu coumencé d'eysse meïchan au bou.
  Quan loû paï et la maï soun sagel,
  Voû veyrei de bravei meynagei ;
Mâ dovan lour pitî s'i se coumpourten mau,
  Un jour vendro l'y oro dau mau.

Vous voyez bien cette petite fable ? eh bien ! elle a une grande morale pour les jeunes et pour les vieux. Car il n'y a rien de meilleur comme il n'y a rien de pire que l'exemple de sa famille ; et c'est toujours dans sa maison que chacun commença à être méchant ou bon. Quand les pères et les mères sont sages, vous verrez d'honnêtes enfants ; mais, si devant leurs enfants ils se comportent mal, un jour viendra qu'il y aura du mal (1).

Ce sont ces divagations qui, en 1809, faisaient dire au critique anonyme de Foucaud : « Vous voyez bien que le patois est moins riche que le français, puisqu'il faut au traducteur quatre cent quinze vers pour rendre les cent soixante-onze vers des neuf premières fables de La Fontaine (2) ». Non, ce n'était pas

---

(1) La Fontaine avait dit :

  Elle avait raison : la vertu
  De tout exemple domestique
  Est universelle, et s'applique
En bien, en mal, en tout ; fait des sages, des sots,
  Beaucoup plus de ceux-ci......

(2) *Journal du département de la Haute-Vienne*, 9 juin 1809. — V. dans le n° du 12 juin la verte réponse faite par Foucaud au critique mal-avisé.

la faute du patois : mieux valait dire que c'était la faute de Voltaire, dont Foucaud avait la malignité, et celle aussi de Rousseau, dont il voulait imiter l'éloquence. Les tirades sont trop longues; le mot n'est pas assez souvent sacrifié à la rapidité du récit. N'importe! au moins notre fabuliste n'a pas l'insignifiante volubilité de certains autres imitateurs. Quand il allonge, c'est presque toujours pour dire quelque chose. Qu'il corrige une allégation de La Fontaine :

> Noû noû chetenen entre nautrei :
> Un secre n'ey pâ mier cota soû un chopeu.
> Si no fenno en toû câ gardo mau queu dau autrei,
> Dau min lo gardo bien lou seu.
>
> (*Lâ Fennâ e lou Secre.*)

Nous nous soutenons entre nous : un secret n'est pas mieux caché sous un chapeau. Si une femme, en tous cas, garde mal celui des autres, du moins elle garde bien le sien.

Qu'il charge un tableau :

> Lou lou à notre che fogué doun poulitesso :
> O vanté for so bell' espeço,
> E surtou soun embounpouen
> Qu'ô visavo toujour, *mâ pertan d'a se louen.*
>
> (*Lou Lou et lou Che de basso-cour.*)

Le loup à notre chien fit donc politesse. Il vanta fort sa belle espèce et surtout son embonpoint, qu'il regardait toujours, mais pourtant d'assez loin.

Que, d'un trait de plume, il indique le dénûment du bûcheron :

> Per de detâ, ô n'en vio pâ :
> Degu li vio vougu prêtâ.
>
> (*Lo Mor e lou Paubre.*)

Qu'il donne une forme ingénieuse à quelque pensée philosophique :

> (Lo Foùrtuno)
> Soùven quan lo noû ri, lo se moquo de noû.
>
> *(Lou Tresor e loû doû Homey.)*

> Lou jaune hôme po be muri ;
> Mâ lou vielllar ne po pâ viaure.
>
> *(Lo Mor e lou Mouriboun.)*

Enfin, qu'il se laisse aller à ses boutades contre la noblesse et la bourgeoisie :

> Queù mounde roulen toù corosso,
> Mêmo per nâ deycho à lo fosso.
> Per loû nobley, per loû richar,
> L'y-o toujour gu daù corbillar.
>
> *(Lou Cure e lou Mor.)*

Ces gens roulent tous carosse, même pour aller à la fosse. Pour les nobles et les richards, il y a toujours eu des corbillards.

Où à quelque malice populaire contre le fisc :

> Etopau Rodillar gobâvo
> Toû loû râ de gronié coumo loû râ de câvo
> *(Qué darnier de segùr n'èran gro represtâ).*

Dans toutes ses excursions hors du texte français, Foucaud peut revendiquer comme étant bien à lui des pensées et des images pleines d'originalité. Extrayez de ses imitations patoises la plupart des infinis détails dont il a surchargé les fables que La Fontaine lui a léguées déjà suffisamment ornées, et de ces détails eux-mêmes faites un recueil que vous appellerez, si vous voulez, *Esprit de Foucaud :* vous aurez quelques pages où à la finesse d'observation se joindra un bonheur d'expression assez remarquable. Ce ne sera certainement ni du Montaigne, ni du Voltaire, ni du Paul-Louis Courier ; mais ce sera positivement l'œuvre d'un homme d'esprit. Je vais plus loin : ce sera l'œuvre d'un homme du monde. Malheureusement dans une fable patoise ces qualités sont presque des défauts : derrière ce raffinement d'idées, ces phrases un peu prétentieuses et ces nombreux gallicismes, on devine trop aisément le professeur, le *monsieur*, qui n'a pris le costume du paysan que pour dire impunément leur fait aux importants de son époque. Ce n'est pas ainsi que procèdent les vrais loustics du village ; ils parlent naïvement, « fournissent leur ratelée », et lancent leur trait en courant, car ils ont hâte de faire place à d'autres. Chez eux, peu de ces périphrases que le paysan ne comprendrait pas, et qui entraveraient le récit. L'expression est simple ; chaque mot est en quelque sorte une allusion, représentant si bien l'idée avec tous ses accessoires que l'auditoire touche immédiatement la chose du doigt. Or, il faut le reconnaître, Foucaud, sous ce rapport, n'est pas toujours dans son rôle. Sous quelque forme que la saillie se présente, il l'adopte, et se met en devoir de lui faire une position dans son œuvre. Que de peine il se donne ! comme son vers est tourmenté ! que de paroles inutiles, que de contre-sens pour arriver à ce malheureux bon mot, car il faut rimer ! J'admets que ce bon mot soit une perle ; mais elle est parfois si mal enchâssée qu'il vaudrait mieux qu'il n'y eût ni perle ni chaton.

Mais, où Foucaud se montre parfait campagnard, c'est dans sa versification.

« Toutes les facultés qui concourent à former le discours concourent de même à former le rhythme. L'oreille a en elle une sorte de mesure ou de portée naturelle, qu'elle ne passe qu'avec peine. L'esprit ne fait éclore ses idées et ses jugements que les uns après les autres, etc. »

Essayons d'appliquer au langage familier ces paroles de l'abbé Le Batteux, relatives aux *Nombres oratoires* (1), et demandons-nous si la conversation, en tant que représentant nos jugements, nos sentiments, nos passions dans l'ordre naturel de leur développement, et débarrassée de toute gêne officielle, n'a pas elle aussi son rhythme musical. Les divers temps d'arrêt, les différentes intonations de la phrase, constituent alors une harmonie dont nous jouissons sans trop nous en rendre compte, mais dont l'absence nous causerait une impression désagréable. C'est principalement dans la causerie du foyer, je veux dire le conte, que cette règle doit être observée si l'on veut intéresser et plaire. Le meilleur conteur, surtout au village, n'est pas celui qui a le plus d'esprit, mais bien celui qui sait le mieux imiter la voix, le geste et l'attitude de ses personnages ; *souligner* les mots principaux, s'arrêter quand il convient, et prendre les inflexions les plus naturelles. On peut en dire autant du fabu-

(1) V. *Mém. de l'Académie des Inscript.*, T. XXXV, p. 415.

liste. Son premier soin doit être de proscrire impitoyablement la mesure uniforme des vers et l'alignement mathématique des rimes. Il fera ainsi autre chose que d'éviter la monotonie : il laissera le champ libre à son récit ; mais alors il se sera donné la tâche difficile d'en régler lui-même les allures, de les faire cadrer avec la coupe des vers, de mettre enfin dans sa poésie cette harmonie imitative, non pas seulement de la nature (on a dit à ce sujet tout ce qu'il fallait et plus qu'il ne fallait), mais du langage naturel. Exemples :

> Un octogénaire plantait.
> Passe encor de bâtir, mais planter à cet âge !
>   (*Le Vieillard et les trois jeunes Gens.*)

> Une souris tomba du bec d'un chat-huant :
> Je ne l'eusse pas ramassée ;
> Mais un dervis le fit : chaque homme a sa pensée.
>   (*La Souris métamorphosée en Femme.*)

> L'homme au trésor arrive, et trouve son argent
> Absent.
> — Quoi ! dit-il, sans mourir je perdrai cette somme !
> Je ne me pendrai pas ! eh ! vraiment si ferai !
> Ou de corde je manquerai.
>   (*Le Trésor et les deux Hommes.*)

Dans ces exemples pris au hasard, à ne considérer que la cadence naturelle, on doit reconnaître que l'intonation générale résultant de l'agencement des finales et des césures est admirablement adaptée au langage du conteur. C'est toutefois dans une juste mesure que La Fontaine a su donner ainsi du mouvement à sa narration. La plupart des imitateurs patois, frappés de ces beautés, que personne, à ma connaissance, n'avait définies avant M. H. Taine, ont essayé de les reproduire ; mais parfois ils ont chargé le tableau, et sont devenus burlesques pour vouloir être trop naturels. J'ai déjà adressé ce reproche à Bergeret : je devrais l'adresser à tous les fabulistes méridionaux, et à Foucaud notamment. Mais pourquoi lui chercher querelle, lorsque, sous l'empire de cette préoccupation constante, ont été écrites des fables pleines d'entrain comme celle des *deux Rats* ?

LOU RA DE VILLE E LOU RA DAU CHAN.

  Ra de noblesso,
  Un jour de l'an,
  Fai politesso
  Au ra peizan.
  O lou couvido
  A no partido
  De beu dinâ;
  Partido fino,
  E lo cousino
  Dévio bien nâ.
A quèlo superbo fêto
Lou frico ne manquè pâ.
Chacun de l vio per chiêto
Un beu fauteur de domâ.
   Lou pâti,
   Lou rôti,
   Lou feizan,
   L'ortolan,
   Lou conar,
   Forço lar,
   Forço nou,
   Lou bounbou,
   Morinâdo
   Bien sucrâdo,
   Massopen,
   Bounâ den,
  Re ne mancàvo
   Assuromen,
  Lo fèto navo
   Divinomen.
Coumo l soun en trin de rire,
I van entendre dou bru;
E moun noble ra de dire :
Sauvan-noû ! veiqui caucu !
  — Co voû deitalo !
  Co voû dovalo !
  Mâ sei eichalo
  De qui fauteur !
  Chacun dênicho,
  E ho cournicho
  Fuguè lo nicho
  Dau doû vouleur.
  Mâ quan l'orage
  Fuguè possa,

> Quan tou topage
> Ogué cessa,
> Moun ra de villo,
> Flér coumo millo,
> Credo au peizan :
> Anen ! dovolan.
> Fau que noû choban !
> Notré feizan.
> Gromarcel ! di lou rustique,
> Iau n'ai pû ni fan ni sé,
> Demo voû vendrei châ me.
> Co n'ei pâ que iau me pique
> De vou regolâ to-be;
> Mâ, si iau sai pû à l'eitre,
> Si vive beuco pû mau,
> Dau min sai tranquile e meitre
> Di lou foun de moun penau :
> > Quan lo coussinço
> > Ei de possinço
> > Ré ne fai mau.

> > Queu rotou
> > Vio rosou.
> > Co dau autrey
> > Ei per n'autrey
> > No pouezou.
> > Qui mau verso
> > Tremblo à verso
> > Di so peu ;
> > E lo transo
> > Ei dovanço
> > Soun boureu.

Rat de noblesse, un jour de l'an, fait politesse au rat paysan. Il l'invite à une partie de beau dîner, partie fine, et la cuisine devait bien aller.

A cette superbe fête le *fricot* ne manquait pas. Chacun d'eux avait pour assiette un beau fauteuil de damas.

Le pâté, le rôti, le faisan, l'ortolan, le canard, force lard, force noix, le bonbon, marinade bien sucrée, massepains, bonnes dents, rien ne manquait assurément ; la fête allait divinement !

Comme ils sont en train de rire, ils vont entendre du bruit ; et mon noble rat de dire : Sauvons-nous ! voici quelqu'un !

Ça vous détale ; ça vous descend, et sans échelle, de ces fauteuils ; chacun déniche, et une corniche fut la niche des deux voleurs.

Mais quand l'orage fut passé, quand tout tapage eut cessé, mon rat de ville, fier comme mille, crie au paysan : Allons ! descendons ! il faut que nous finissions notre faisan.

Grand'merci ! dit le rustique, je n'ai plus ni faim ni soif. Demain vous viendrez chez moi. Ce n'est pas que je me pique de vous régaler aussi bien; mais, si je suis plus à l'étroit, si je vis beaucoup plus mal, au moins je suis tranquille et maître dans le fond de mon genêt. Quand la conscience est paisible, rien ne fait mal.

Ce raton avait raison : ça (le bien) des autres est pour nous du poison. Qui mal verse tremble dans sa peau, et la peur est d'avance son bourreau.

Beaucoup de fables de Foucaud sont certainement au-dessus de celle-ci pour l'esprit, mais non pour la gaîté. C'est bien là le paysan comptant sur ses doigts les parties de la mise en scène et les divers incidents du récit. Tout cela est *ensemble*, solidement posé, courant au but sans déraillements, sans secousses, sans stations inutiles. Chacun de ces petits vers, se modelant sur la nature des choses, nous représente tour à tour l'énumération homérique, la frayeur, la fuite, le calme après l'orage, etc. Le Fontaine ne se sert guères de ces coupes minuscules que pour un coup de théâtre : Foucaud a compris qu'elles pouvaient prendre une teinte de mélancolie :

> I bromovan,
> Se trenovan,
> Sel pensâ
> À chossâ !
> ....
> Lo fidèlo
> Tourterèlo
> Pû ne vio
> D'opòrio.

tout aussi bien que représenter la turbulence affairée d'un ignorant :

LOU JAU QUE TROBO UN DIÉMAN.

> Un viei jau
> Di 'n eyrau (1)
> Tan grotè
> Que troubè
> Un diéman
> Bien brillan.

(1) Je ne connais pas de mot en français qui corresponde à celui-ci : *eyrau* signifie l'emplacement où l'on fait pourrir la feuille devant la porte de l'habitation des paysans.

Proproinen
O lou pren
En soun be,
Lou pourtê,
Sur lou tar,
Chà Blanchar,
Lou premiê
Bijoutiê
Dau cartiê.
— Quouei plo beu,
Dissè-t-eu ;
Queu rubi
Ei de pri ;
Mà per me
Co n'ei que
Dau bouri.
Lou velqui :
Fozei-n'-en
Forço argen :
Moun parpai
Aimo mai
Vei doû trei
Grû de mei.

Un vieux coq sur un fumier gratta tellement qu'il trouva un diamant bien brillant. Proprement il le prend avec son bec. Il le porta, sur le tard, chez Blanchard, le premier bijoutier du quartier. C'est bien beau, dit-il, ce rubis est de prix ; mais pour moi ce n'est que *balayures*. Le voici : faites-en force argent. Mon estomac aime mieux avoir deux ou trois grains de mil.

Voilà Foucaud l'écrivain tel qu'on peut le juger aujourd'hui que nous sommes sortis des agitations politiques, et que nous conservons à peine le souvenir des folies révolutionnaires. Son style s'est ressenti de son caractère aigri et des idées voltairiennes qu'il conserva jusqu'à son lit de mort. Alors seulement ses yeux s'ouvrirent à la vérité, et un de ses anciens élèves, de qui je tiens le fait, le trouva un jour plié en deux dans son lit, et contemplant un crucifix appuyé sur ses genoux. « Tu vois ! » lui dit-il. — L'orgueil s'était humilié. L'ancien moine revenait à Dieu. Il mourut le 14 janvier 1818.

RICHARD (1). — Pendant que les habitants de Limoges sou-

(1) François Richard naquit à Limoges en 1730, et y mourut le 14 août 1814. La Société d'Agriculture de cette ville lui décerna une médaille d'or

riaient aux épigrammes de Foucaud, ils prenaient plaisir aux contes et aux chansons de l'abbé Richard. « C'était, dit M. Othon Peconnet dans la Notice dont je viens de parler, c'était une nature franche, enjouée, pleine de confiance et même de bonhomie. Le rire était sans cesse à ses lèvres, et la bienveillance débordait de son cœur. Mais, à ne juger les auteurs que par leurs livres, Foucaud l'emporte de beaucoup sur son rival. Richard manque souvent de délicatesse et même de convenance. Cet esprit vif et pétillant qui réchauffe l'œuvre de Foucaud ne se retrouve point dans les chansons et dans les contes de Richard. Il n'a point de ces images animées, de ces traits aiguisés, de ces détails imprévus et pittoresques qui sont la marque du talent de Foucaud. En lui la plaisanterie est parfois grossière, et non pas naïve. Il est bouffon plutôt que spirituel. On dirait qu'il a peur de s'élever, et de n'être plus compris dès lors par les paysans, auxquels son livre est adressé. »

Il ne manque rien à ce portrait ; qu'il me soit permis pourtant d'en renforcer quelques lignes. Il y a parfois plus que de l'inconvenance dans les récits de Richard. Le bon abbé avait un tout petit travers, commun du reste à bien des ecclésiastiques, — je parle des ecclésiastiques d'alors ; il cherchait le burlesque où Molière l'a trouvé trop souvent, notamment dans *Pourceaugnac* et dans *le Malade imaginaire*. Il faut un estomac bien rustique pour supporter les émanations qui s'exhalent du *Toupi de miau (le Pot de miel)* : voilà pour le conteur. Comme chansonnier, l'abbé Richard est plus délicat, trop délicat quelquefois ; car, à côté de bonnes grosses chansons à boire et de croquis bucoliques tracés de main de maître, on est assez étonné de trouver des couplets mythologiques et des *rimes à Chloris* sous

---

au mois de mai 1809, en l'invitant à livrer ses poésies au public. Ce ne fut pourtant qu'en 1824 que M. Chapoulaud, imprimeur, publia sous le titre suivant une édition des œuvres de Richard : *Recueil de poésies patoises et françaises de F. Richard, prêtre, et principal du collège d'Eymoutiers, chanoine honoraire, etc., et Choix de poésies patoises de divers auteurs limousins.* — Limoges (sans date), 2 vol. in-12.

A part quelques inconséquences orthographiques, cette édition est bonne. M. Chapoulaud, n'étant pas gêné par l'auteur, a pu suivre son système, surtout en ce qui concerne les voyelles et les diphthongues, qu'il a hardiment débarrassées de cette foule d'accents et de trémas qui rendent presque illisible le patois de Foucaud.

le nom de *la sœur Saint-Michel*, de *la sœur Saint-André*, de *la sœur Hyacinthe*, etc. Les éplucheurs sourient en voyant un prêtre du xix° siècle parler du *petit dieu de Cythère*, et débiter des mignardises aux sœurs de Saint-Alexis : voilà pour le chansonnier. Pour ce qui est du fabuliste, je ne devrais pas en parler si je n'y étais contraint par la nature même de mon sujet. Pourquoi faut-il que l'abbé Richard ait eu la faiblesse de vouloir imiter quelques-unes des fables de La Fontaine (1) lorsque inévitablement il allait être mis en parallèle avec Foucaud? Comment ne s'aperçut-il pas que, ayant la tête pleine d'airs et de refrains, il se trouvait dans de très-mauvaises conditions pour composer des fables, et que, malgré lui, le fabuliste serait toujours chansonnier? Voici la fable des *deux Rats*. On a toujours envie de la chanter, comme celle de La Fontaine :

LOU RA DE VILLO E LOU RA DAU CHAN.

Fâ boun frico di lou dangei
Qu'ei rendre so joïo bien courto :
Vau mier sei pau, di soun foujei,
Ne mâ viaure de grosso tourto.
Quan un minjo, et qu'un n'auso pâ
Remudâ loû peï mai lo lingo,
Dau meïlour de toû loû repâ
Iau ne bollorio pa 'n'epingo.

Un beu jour un ra de vilo
Dissê au ra camponiar :
Venei, voû trobe goliar,
Minjâ d'un pâti d'anguilo
E de quauquey trò de lar.
Sur un beu topi de tablo,
Lou éuber se trobe mei ;
Qualo coufreto agreablo !
Lou cœur banio de ploseï.
Quauquey pâ troublen lo feïto ;
I s'eifreden per lou bru.
Un si brave teïto-à-teïto
Ei bientô interoumpu.
De lo porto de lo sâlo
Quaucu deïbro lou luque.

(1) Ces fables sont : *lou Ra de villo et lou Ra dau chan*; *lou Lou et l'Onieu*; *lo Cigalo e lo Fermi*; *lo Fenno et lou Secret*; *lo Mor e lou Bucheirou*.

Lou ra de vilo deitalo ;
L'autre pleijo soun poque.
L'un coumo l'autre se fouro
Di l'entremiâ d'un lambri ;
Au bou d'un piti car d'houro
I remeten lour espri.
— Tournan, di lou ra de vilo,
Chobâ notrey brundilioû.
— Servitour ! faù trò de bilo,
Mâ demo vencì châ noû,
Rèlpoun-t-eü : n'oyen possinço
Dì notre piti-t-ustau.
Si notro châro ei pu minço,
Noû lo minjen en repau.

Faire bon *fricot* dans le danger, c'est rendre sa joie bien courte. Il vaut mieux sans peur, dans son foyer, ne vivre que de grosse tourte. Quand on mange et qu'on n'ose pas remuer les pieds et la langue, du meilleur de tous les repas je ne donnerais pas une épingle. — Un beau jour, un rat de ville dit au rat campagnard : Venez, je vous trouve gaillard, manger d'un pâté d'anguille et de quelques morceaux de lard. Sur un beau tapis de table le couvert se trouva mis. Quelle réunion agréable ! leur cœur baigne de plaisir. Quelques pas troublent la fête. Ils s'effraient du bruit. Un si joli tête-à-tête est bientôt interrompu. De la porte de la salle quelqu'un ouvre (lève) le loquet. Le rat de ville détale ; l'autre plie son paquet. L'un avec l'autre se fourre derrière un lambris. Au bout d'un petit quart d'heure ils remettent leurs esprits. Retournons, dit le rat de ville, finir nos bribes. — Serviteur ! je fais trop de bile ; mais demain venez chez nous, répond-il : nous sommes tranquilles dans notre petit taudis. Si notre chère est plus mince, nous la mangeons en repos.

VIII.

Qu'ai-je voulu prouver en écrivant ce qu'on vient de lire ? A cette question, que l'on ne manquera pas de m'adresser, je n'ai pas grand'chose à répondre. Je me sens en faute d'avoir essayé une critique littéraire alors qu'il eût été plus utile et beaucoup moins dangereux pour moi de donner tout simplement une collection aussi complète que possible de fables traduites ou imitées de La Fontaine. Mais, au lieu d'une brochure, c'eût été un volumineux recueil que quelques philologues seuls eussent pu consulter. Et même, pour le philologue, est-il sûr que ma brochure telle qu'elle est doive complètement manquer d'intérêt ? Je n'ai mis que quelques couleurs sur une palette ; mais un bon peintre en pourra peut-être trouver l'emploi. La fable est en effet de tous les genres littéraires celui qui se prête le mieux à une traduction patoise. Les noms des différentes productions de la nature et des divers instruments que le villageois a journellement sous les yeux; les allures familières de langage; cette foule de proverbes, de dictons, de mots exprimant toute une série d'idées avec une énergique concision; toutes ces choses, qui sont en quelque sorte de l'essence de la fable, sont aussi de l'essence de nos idiomes populaires. Ce n'est pas en lisant une traduction de l'Iliade ou de l'Odyssée, de Télémaque et de la Henriade, que l'on peut espérer se faire une idée exacte de nos patois à l'état de nature. La poésie villageoise doit se sentir singulièrement gênée dans le rhythme et les formules du langage officiel de la tragédie et de l'épopée. On pourrait en dire autant des traductions faites à certaines époques de l'*Oraison dominicale* et de la parabole de *l'Enfant prodigue*. Le respect dû au texte sacré n'a pas permis d'en donner autre chose qu'une traduction littérale. Comment, par exemple, devant la majesté de l'Évangile se laisser aller à une de ces expressions triviales qui rendent si bien la pensée? Il n'y a pas de contrainte avec la fable; et, lorsque le fabuliste français emploie une formule qui n'existe pas dans le midi, l'imitateur la remplace par une formule correspondante. Voilà où est le vrai patois, celui qui n'a pas la prétention d'être une littérature! La littérature patoise pourra se constituer avec les débris du moyen âge et le génie moderne. Quant à la langue elle-même, elle ne se retrouve aujourd'hui qu'au foyer du paysan et dans certaines traductions de La Fontaine.

ÉMILE RUBEN,

Conservateur de la Bibliothèque communale de Limoges.

Limoges, le 27 juillet 1860.

ERRATA.

Des renseignements qui me sont parvenus trop tard donnent pour la date de la naissance de Diouloufet le 19 septembre 1771, et, pour la date de sa mort, le 19 mai 1840.

Page 33, ligne 12, au lieu de « flatteur » *lisez* : « acteur ».

TABLE BIBLIOGRAPHIQUE.

	Page
JACLOT, de Saulny : *Passe-temps lorrains*. — Metz, 1851, indiqué	4
BURGAUD DES MARETS : *Fables et contes en patois saintonjois*, indiqué	5
Fables causides de La Fontaine en bers gascouns. — Bayonne, 1776, in-8	10
HOURCASTREMÉ. — HATOULET : dans le recueil intitulé : *Poésies béarnaises, avec la traduction française*, 2ᵉ édition. — Pau, 1852-60, 2 vol. in-8	11
J.-B. BERGERET : *Fablos causidos de Jean La Fountaino, tremudados en berses gascouns*. — Paris, 1816, in-12	15
LIMOUZIN-LAMOTHE : dans la *Revue de l'Aveyron et du Lot* (26 juin 1837), et dans le *Mémoire sur les proverbes patois*, par J. Duval; etc.	19
A. GALTIER : *Les deux Pigeons* : dans l'*Abeille de Castelnaudary* (16 mai 1844)	23
A. TANDON : *Fables et contes en vers patois*. — Montpellier, an VIII et 1813, in-8	24
Contes en vers provençaux. — 1806, 16 pages in-12, indiqué	26
F.-R. MARTIN : *Fables, contes et autres poésies patoises*. — Montpellier, an XIII (1805), in-8	30
A. COURET : *Le Renard, le Singe et les Animaux* : dans le *Bouil-Abaïsso* (14 juillet 1845)	33
Li Penjo-Col, poésies patoises par L. Roumieux, de Nîmes. — Nîmes, 1855, 24 pages in-12	35
Uno Bourbouyado. — Paris, 1856, 24 pages in-12	ib.
Li Boutoun dé guêto, poésies patoises par A. Bigot. — Nîmes, 1859, 24 pages in-12	ib.
H. MOREL : *Lou Galoubé*. — Avignon, 1828, in-12	38
ROUMANILLE : *Lis Oubreto*. — Avignon, 1859, in-18	42
DIOULOUFET : *Fablos, contos, epitros et autros pouesios prouençalos*. — Aix, 1829, in-8	47
F. RICARD, d'Aix : *La Cigale et la Fourmi* : dans le *Roumavagi deis troubaires*. — Aix, 1854, in-12	53

	Pag.
A. G., de Tarascon : *La Rato-Penado e la Moustelo* : dans le journal *la Commune* (21 avril 1850)....................................	53
H. LAIDET. — ESTACHON. — JOSEPH PASCAL.......................	55
JOSEPH-JACQUES-LÉON D'ASTROS : Diverses fables dans les T. II, III et IV des *Mémoires de l'Académie d'Aix*........................	57
E. GARCIN, de Draguignan : *Le Renard et la Cigogne* : dans le *Bouil-Abaisso* (11 mars 1842).....................................	61
C.-A. RAVEL : *Le Grolle et le Rena*, etc. : à la fin de *la Paysade*. — Clermont, 1838, in-8...	62
FOUCAUD : *Quelques fables de La Fontaine mises en vers patois limousin*. — Limoges, Bargeas, 1809 et 1835................................	64
F. RICHARD : *Recueil de poésies patoises et françaises*. — Limoges (1824), 2 vol. in-12..	81

www.ingramcontent.com/pod-product-compliance
Lightning Source LLC
LaVergne TN
LVHW052106090426
835512LV00035B/1005